RÉUSSITE ADMISSION PARAMÉDICAL

AUXILIAIRE DE PUÉRICULTURE

ENTREE EN IFAP

Jackie Pillard
Ancien cadre supérieur de santé dans la fonction publique territoriale
Formatrice pour adultes dans le domaine sanitaire et social
Experte en petite enfance

FOUCHER

Les ressources numériques

Au fil des pages, des QR codes à flasher vous renvoient à de nombreuses ressources : presse, documents, vidéos...

Mode d'emploi

foucherconnect.fr

Votre Réussite Concours Foucher s'enrichit de ressources numériques

Lorsque je rencontre un pictogramme ressource au fil des pages :

 # bonus
Planches anatomiques
foucherconnect.fr/ 24admissionap01

Des FLASHCODES permettent aussi d'accéder aux ressources depuis un smartphone

1. Je vais sur **www.foucherconnect.fr**
J'enregistre cette page dans mes favoris pour les prochaines fois.
2. Je saisis **le code de la ressource** indiqué dans le pictogramme.
3. **Je visualise** ma ressource.

ISBN 978-2-216-17116-3

SOMMAIRE

Partie 1
LA SÉLECTION ET LE MÉTIER

1. La revalorisation du métier d'auxiliaire de puériculture ... 6
2. Les conditions de sélection ... 9
3. Dix questions pour connaître le métier ... 12
4. La formation au métier ... 16
5. Définir son projet professionnel ... 23
6. Organiser sa préparation ... 26

✔ FAITES LE POINT ! ... 32

Partie 2
PRÉPARER SON DOSSIER

1. Les éléments du dossier ... 36
2. Le *curriculum vitae* (CV) ... 39
3. La lettre de motivation ... 42
4. Le document manuscrit ... 44

Partie 3
PRÉPARER L'ÉPREUVE ORALE

Méthode

1. Présentation de l'épreuve ... 50
2. Méthode de l'épreuve ... 54
3. Entraînement guidé ... 61

Entraînement

Simulation orale 1 ... 68

Simulation orale 2 ... 70

 # vidéo

Simulations d'entretiens avec le jury

foucherconnect.fr/24admissionap02

Partie 4
LES CONNAISSANCES INDISPENSABLES

Fiche 1. La politique de santé publique 74
Fiche 2. L'illettrisme 84
Fiche 3. L'obésité 88
Fiche 4. Les troubles du comportement alimentaire 94
Fiche 5. Les troubles du neuro-développement (TND) 101
Fiche 6. Le handicap chez l'enfant 109
Fiche 7. Le cancer 113
Fiche 8. Le suicide chez les jeunes 119
Fiche 9. Le don d'organes 126
Fiche 10. Les maladies mentales 131
Fiche 11. Les accidents domestiques 138
Fiche 12. L'euthanasie 144
Fiche 13. Les infections nosocomiales 148
Fiche 14. L'hygiène et la prévention pendant la grossesse 153
Fiche 15. La maltraitance 160
Fiche 16. L'alcoolisme 168

MÉMO DU CANDIDAT

Les besoins fondamentaux de l'homme : la pyramide de Maslow
Les 14 besoins fondamentaux de l'homme selon Virginia Henderson
L'action du gouvernement pour la santé de tous
Vous avez dit télémédecine ?
Le chômage
Les professionnels de santé
Bientraitance et qualité des soins
Santé publique : l'éducation thérapeutique du patient
Les accidents de la vie courante (AcVC)
Les auteurs présumés de maltraitances sur les enfants
Les cancers en France
Sida et VIH en France
Les addictions en France
L'obésité en France
Les principales causes de décès en France
Le suicide en France
Le système de protection sociale

#bonus
Planches anatomiques
foucherconnect.fr/24admissionap01

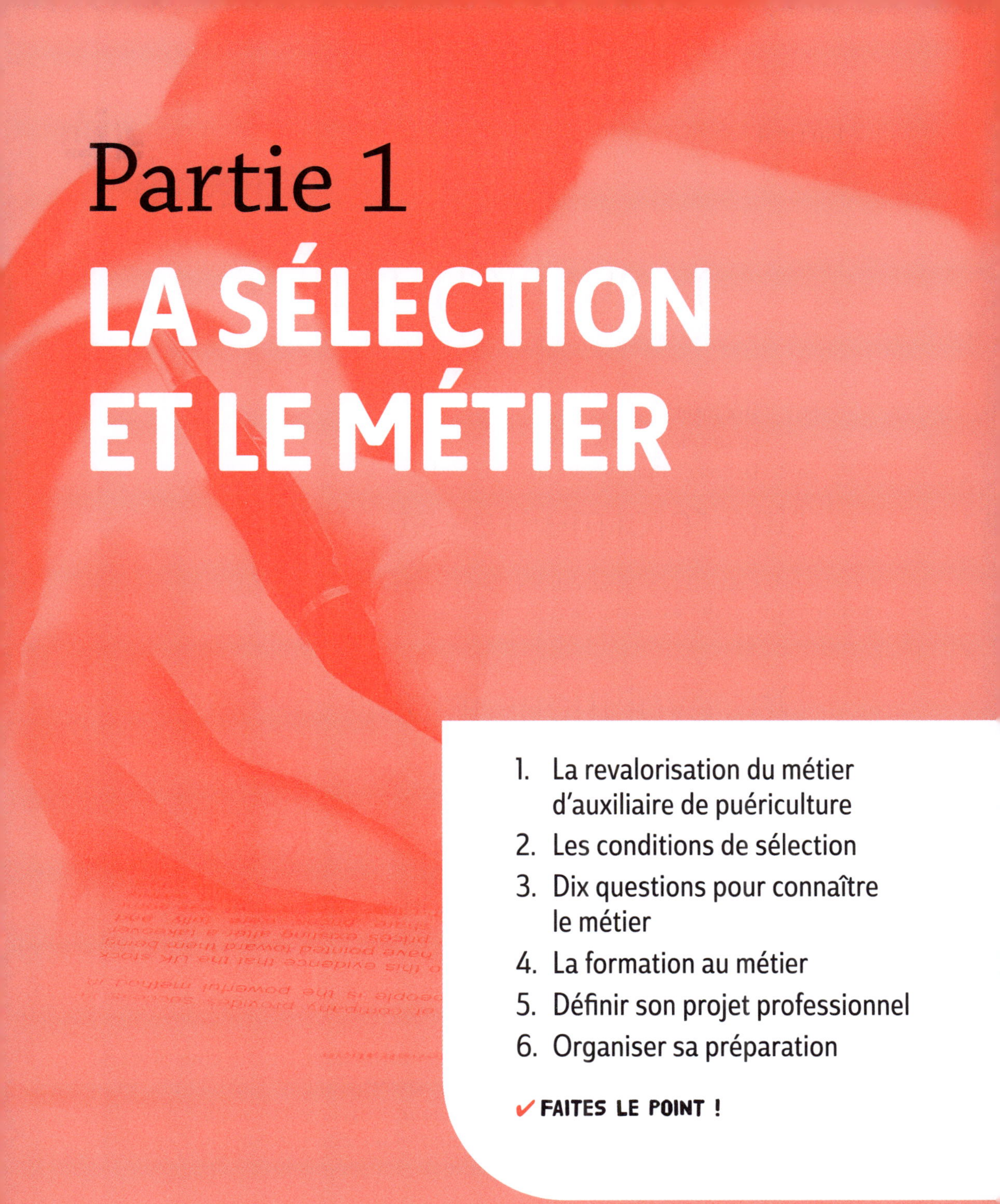

Partie 1
LA SÉLECTION ET LE MÉTIER

1. La revalorisation du métier d'auxiliaire de puériculture
2. Les conditions de sélection
3. Dix questions pour connaître le métier
4. La formation au métier
5. Définir son projet professionnel
6. Organiser sa préparation

✔ **FAITES LE POINT !**

1 LA REVALORISATION DU MÉTIER D'AUXILIAIRE DE PUÉRICULTURE

1 Une réforme très attendue

Pour tous les acteurs (professionnels, formateurs et employeurs), cette réforme revalorise un métier essentiel de la petite enfance.

2 Des évolutions importantes

A| Un diplôme de niveau IV

Une filière petite enfance est créée avec une vraie hiérarchie de diplômes : le diplôme obtenu à l'issue de la formation d'auxiliaire de puériculture sera un diplôme de niveau IV (baccalauréat) alors qu'il était auparavant de niveau V comme le CAP AEPE (accompagnant éducatif petite enfance).

B| De nouveaux référentiels d'activité

Cinq domaines d'activités ont été construits en corrélation avec les **cinq blocs de compétences** du référentiel de certification et correspondent à une ou plusieurs activités. L'auxiliaire de puériculture exerce toujours sous la responsabilité de l'infirmier(e) diplômé(e) d'État (IDE) ou de l'infirmier(e) puéricultrice diplômé(e) d'État (IPDE) et ses activités se situent dans le cadre du rôle propre de l'IDE ou IPDE.

Domaines d'activités	Activités
DA1 – Accompagnement et soins de l'enfant dans les activités de sa vie quotidienne et de sa vie sociale en repérant les fragilités	1 – Accompagnement et soins de l'enfant dans les activités de sa vie quotidienne et de sa vie sociale en repérant les fragilités
	2 – Identification des risques lors de l'accompagnement de l'enfant et mise en œuvre d'actions de prévention adéquates
DA2 – Appréciation de l'état clinique de la personne et mise en œuvre de soins adaptés en collaboration avec l'infirmier en intégrant la qualité et la prévention des risques	3 – Observation de la personne et mesure des paramètres vitaux liés à son état de santé
	4 – Collaboration à la réalisation de soins intégrant la qualité et la prévention des risques
	5 – Installation et aide aux déplacements de la personne à partir de ses ressources et des techniques de manutention
DA3 – Information et accompagnement des personnes et de leur entourage, des professionnels et des apprenants	6 – Accueil, information et communication auprès des personnes et de leur entourage
	7 – Accueil, accompagnement et formation des pairs, des personnes en formation et des autres professionnels
DA4 – Entretien de l'environnement immédiat de la personne et des matériels liés aux activités de soins, au lieu et aux situations d'intervention	8 – Entretien des locaux et des matériels liés aux activités de soins
	9 – Repérage et traitement des anomalies et dysfonctionnements en lien avec l'entretien des locaux et des matériels liés aux activités de soins
DA5 – Transmission, quels que soient l'outil et les modalités de communication, des observations recueillies pour maintenir la continuité des soins et des activités	10 – Transmission quels que soient l'outil et les modalités de communication, des observations recueillies pour maintenir la continuité des soins et des activités
	11 – Organisation de son activité au sein d'une équipe pluriprofessionnelle en garantissant la qualité/gestion des risques

C | De nouveaux référentiels de compétences

Ces cinq blocs de compétences encadrent **11 compétences**.

Blocs de compétences	Compétences
Bloc 1 – Accompagnement et soins de l'enfant dans les activités de la vie quotidienne et de la vie sociale	1 – Accompagner l'enfant dans les actes essentiels de la vie quotidienne et de la vie sociale, personnaliser cet accompagnement à partir de l'évaluation de sa situation personnelle et contextuelle et apporter les réajustements nécessaires
	1bis – Élaborer et mettre en œuvre des activités d'éveil, de loisirs, d'éducation et d'accompagnement à la vie sociale adaptées à l'enfant ou au groupe
	2 – Identifier les situations à risque lors de l'accompagnement de l'enfant et de son entourage, mettre en œuvre les actions de prévention adéquates et les évalue
Bloc 2 - Évaluation de l'état clinique et mise en œuvre de soins adaptés en collaboration	3 – Évaluer l'état clinique d'une personne à tout âge de la vie pour adapter sa prise en soins
	4 – Mettre en œuvre des soins adaptés à l'état clinique de l'enfant
	5 – Accompagner la personne dans son installation et ses déplacements en mobilisant ses ressources et en utilisant les techniques préventives de mobilisation
Bloc 3 – Information et accompagnement des personnes et de leur entourage, des professionnels et des apprenants	6 – Établir une communication adaptée pour informer et accompagner la personne et son entourage
	7 – Informer et former les pairs, les personnes en formation et les autres professionnels
Bloc 4 – Entretien de l'environnement immédiat de la personne et des matériels liés aux activités en tenant compte du lieu et des situations d'intervention	8 – Utiliser des techniques d'entretien des locaux et du matériel adaptées en prenant en compte la prévention des risques associés
	9 – Repérer et traiter les anomalies et dysfonctionnements en lien avec l'entretien des locaux et des matériels liés aux activités de soins
Bloc 5 – Travail en équipe pluriprofessionnelle et traitement des informations liées aux activités de soins, à la qualité / gestion des risques	10 – Rechercher, traiter et transmettre, quels que soient l'outil et les modalités de communication, les données pertinentes pour assurer la continuité et la traçabilité des soins et des activités
	11 – Organiser son activité, coopérer au sein d'une équipe pluriprofessionnelle et améliorer sa pratique dans le cadre d'une démarche qualité / gestion des risques

Et pour chacune des 11 compétences, il y a un ou plusieurs critères d'évaluation avec son ou ses indicateurs.

D| De nouveaux modules de formation

Dix modules de formation qui correspondent au référentiel de certification.

Chaque module a ses modalités d'évaluation consultables en flashant ce code :

 # info

Arrêté du 10 juin 2021 relatif à la formation conduisant au diplôme d'État d'auxiliaire de puériculture

foucherconnect.fr/24admissionap03

2 LES CONDITIONS DE SÉLECTION

Pour rappel, depuis 2020, le concours d'entrée en institut de formation d'auxiliaires de puériculture (IFAP) est supprimé. L'arrêté du 7 avril 2020 relatif aux modalités d'admission à la formation conduisant au diplôme d'État d'auxiliaire de puériculture a redéfini les conditions d'accès : la sélection consiste désormais en l'examen d'un dossier complété par un entretien.

1 Les conditions d'accès à la formation

- Aucune condition de diplôme n'est requise pour se présenter à cette sélection.
- Le candidat doit être âgé de 17 ans au moins au 31 décembre de l'année d'entrée en formation, aucune dérogation n'est possible et il n'y a pas de limite d'âge supérieure.

2 En quoi consiste la sélection ?

- Pour être admis à la formation au diplôme d'État d'auxiliaire de puériculture, les candidats doivent satisfaire à une épreuve qui consiste en un **entretien** avec un jury noté sur 20 points et d'une durée de 15 à 20 minutes.
- Cet entretien s'appuie sur un **dossier** qui doit permettre au jury d'apprécier l'expérience professionnelle du candidat ainsi que ses qualités humaines et relationnelles. Il doit comprendre les pièces suivantes :
  - la copie d'une pièce d'identité ;
  - une lettre de motivation manuscrite ;
  - un *curriculum vitae* ;

- un document manuscrit de 2 pages maximum, relatant, au choix du candidat, soit une situation personnelle ou professionnelle vécue, soit son projet professionnel en lien avec les attendus de la formation ;
- la copie des originaux de ses diplômes ou titres ;
- en l'absence de diplôme, la copie de ses relevés de résultats scolaires et appréciations ou bulletins scolaires des classes de première et terminale ;
- les attestations de travail, accompagnées éventuellement des appréciations et/ou recommandations de l'employeur (ou des employeurs).

- Les candidats peuvent joindre tout autre justificatif valorisant une expérience personnelle (associative, sportive…) en lien avec la profession d'auxiliaire de puériculture.

3 L'inscription

- Chaque candidat s'inscrit dans l'IFAP de son choix et rien n'interdit de s'inscrire dans plusieurs instituts. Depuis l'arrêté du 12 avril 2021 « portant diverses modifications relatives aux conditions d'accès aux formations conduisant aux diplômes d'État d'aide-soignant et d'auxiliaire de puériculture » : aucun frais afférent à la sélection n'est facturé aux candidats.
- Le candidat retire une **fiche d'inscription** et la rapporte dans les délais impartis avec les pièces demandées (un accusé de réception est envoyé le plus souvent par mail). Le candidat est ensuite convoqué par courrier postal à l'épreuve orale.

IMPORTANT

En 2020 et 2021, dans le contexte exceptionnel de mobilisation nationale pour protéger au mieux l'ensemble de la population, l'entretien prévu à l'article 2 a été supprimé. La sélection s'est effectuée par le seul examen du dossier. Il est donc essentiel de parfaitement préparer le dossier qui accompagne l'entretien oral si ce cas de figure se représentait.

4 L'admission

- Le **jury d'admission** se réunit et établit une **liste principale de classement** en fonction du nombre de places ouvertes et une liste complémentaire. En cas d'égalité de points entre 2 candidats, c'est, le plus souvent, le candidat le plus âgé qui est admis.
- Les candidats admis disposent de 7 jours ouvrés suivant l'affichage pour confirmer leur admission. Passé ce délai, ils sont présumés avoir renoncé à leur admission.
- L'**admission définitive** est soumise à la production au plus tard le jour de la rentrée :

– d'un certificat médical émanant d'un médecin agréé attestant que le candidat n'est atteint d'aucune affection d'ordre physique ou psychologique incompatible avec l'exercice de la profession à laquelle il se destine ;
– d'un certificat médical attestant que l'élève remplit les obligations d'immunisation et de vaccination prévues le cas échéant par les dispositions du titre Ier du livre Ier de la troisième partie législative du Code de la santé publique.

 # info
Arrêté du 10 juin 2021
foucherconnect.fr/24admissionap03

Les attendus et les critères nationaux retenus pour la formation d'auxiliaire de puériculture

Attendus	Critères
Intérêt pour le domaine de l'accompagnement et de l'aide à la personne notamment en situation de vulnérabilité	Connaissances dans le domaine sanitaire, médico-social, social ou sociétal
Qualités humaines et capacités relationnelles	- Aptitude à faire preuve d'attention à l'autre, d'écoute et d'ouverture d'esprit - Aptitude à entrer en relation avec une personne et à communiquer - Aptitude à collaborer et à travailler en équipe
Aptitudes en matière d'expression écrite, orale	- Maîtrise du français et du langage écrit et oral - Pratique des outils numériques
Capacités d'analyse et maîtrise des bases de l'arithmétique	- Aptitude à élaborer un raisonnement logique à partir de connaissances et de recherches fiables - Maîtrise des bases de calcul et des unités de mesure
Capacités organisationnelles	Aptitudes d'observation, à s'organiser, à prioriser les activités, autonomie dans le travail

- Les connaissances et aptitudes peuvent être vérifiées dans un cadre scolaire, professionnel, associatif ou autre.

3 DIX QUESTIONS POUR CONNAÎTRE LE MÉTIER

Le métier d'auxiliaire de puériculture vous attire, mais savez-vous exactement quel est son rôle ? De quoi est fait son quotidien ? Dans quels secteurs d'activité exerce-t-il ? Lors de l'entretien avec le jury, des questions pourront vous être posées pour vérifier votre connaissance du métier. N'hésitez pas à aller rencontrer des professionnels de terrain, posez-leur toutes vos questions et notez leurs réponses ! Interrogez différents professionnels, dans différents lieux d'exercice car rien de tel que les interviews en face à face pour recueillir toutes les informations dont vous aurez besoin pour affiner votre projet.

Sur les 60 000 auxiliaires de puériculture qui exercent en France, 99 % sont des femmes.

1 Pouvez-vous me parler de votre diplôme ?

L'auxiliaire de puériculture est souvent appelée à tort auxiliaire puéricultrice mais nous faisons partie du personnel paramédical : nous sommes des professionnels de la santé et du social. Le 31 août 2007, notre diplôme devenait le « diplôme d'État d'auxiliaire de puériculture ». Depuis la réforme de 2021, notre métier a été réévalué, notre spécificité d'auxiliaire de puériculture a été reconnue et le référentiel de compétences nous redonne des tâches et des actes que nous n'avions plus (comme la surveillance de la glycémie par exemple).

2 En quoi consiste votre travail ?

Nos compétences sont très étendues parce que nous nous prenons en charge l'enfant dès sa naissance et jusqu'à ses 18 ans. Nous pouvons nous occuper de nourrissons dans les maternités mais aussi d'enfants bien portants dans les structures d'accueil, d'enfants malades dans les hôpitaux ou d'enfants présentant un handicap dans les instituts spécialisés.

3 Avec qui travaillez-vous ?

Je travaille dans une équipe pluriprofessionnelle ; le plus souvent avec une infirmière puéricultrice et des collègues auxiliaires. Il y a aussi le médecin, le psychologue, parfois le psychomotricien, le diététicien et des agents d'entretien.

4 Vous travaillez en maternité, en quoi consiste votre rôle ?

Je m'occupe des soins aux nouveau-nés, je les pèse, je les mesure, je change leur couche, je fais leur toilette et je prépare les biberons.

J'accompagne aussi les parents dans leur nouveau rôle et je les conseille dans les soins les plus courants. Mon rôle est aussi d'assurer l'entretien du matériel utilisé pour l'enfant.

5 Faut-il des qualités particulières pour exercer ce métier ?

Oui. Il faut de la patience et de la douceur car il ne suffit pas d'aimer les enfants pour être capable de travailler avec eux toute une journée.

Il faut être dynamique et créatif ; posséder un grand sens des responsabilités, être organisé et rigoureux notamment au niveau de l'hygiène et de la sécurité. Il est essentiel d'être vigilant quand on travaille auprès de jeunes enfants. Il faut également être à l'écoute des parents et avoir l'esprit ouvert, être tolérant, empathique…

6 Que faites-vous en tant qu'auxiliaire de puériculture en PMI ?

J'accueille les futures mères ou les jeunes mamans avec leur enfant, j'assure les soins courants (pesées, mesures…), j'assiste aux consultations données par les médecins, je tiens les dossiers à jour et j'accompagne la puéricultrice dans ses visites à domicile.

Je peux aussi donner des conseils aux parents sur les sujets du quotidien (le repas, le sommeil, les soins d'hygiène, les activités d'éveil…).

Je veille également à la propreté des locaux.

7 Où peut travailler l'auxiliaire de puériculture ?

Il peut travailler en établissement hospitalier public ou privé (pédiatrie, urgence pédiatrique, chirurgie pédiatrique, néonatologie, maternité...) ; en structures d'accueil d'enfants de moins de 6 ans, municipale, associative, parentale ; en structures médicosociales : aux consultations d'un centre de protection maternelle et infantile (PMI), en établissements de l'aide sociale à l'enfance (pouponnières et centres maternels publics ou privés) ou en institut médico-éducatif (IME) établissements d'accueil pour enfants atteints de déficience intellectuelle.

8 Vous travaillez en crèche, quelles sont vos missions ?

En fait, je travaille en accueil collectif car on ne dit plus crèche. Mon rôle consiste à prendre en charge un groupe de 5 à 8 enfants, bien portants, âgés de 2 mois 1/2 à 4 ans.

J'accueille l'enfant et ses parents et les aide, si besoin, à se séparer. Je veille à la sécurité et au bien-être du groupe d'enfants dont je suis chargée et je réponds à leurs besoins physiologiques (hygiène, alimentation, sommeil...) sous la responsabilité d'une directrice. Je propose des activités d'éveil en respectant le rythme, le développement psychomoteur et l'envie de participer de chaque enfant.

Je fais en sorte de toujours favoriser leur autonomie.

9 Quelle est l'évolution possible dans cette profession ?

De manière générale, le salaire varie selon le secteur d'activité, la convention collective, l'ancienneté et la fonction exercée. En moyenne, la rémunération mensuelle nette d'un auxiliaire de puériculture s'échelonne autour de 1 300 euros. Ce salaire peut être de 2 300 euros en fin de carrière.

En établissement hospitalier public, les auxiliaires de puériculture ont strictement la même grille indiciaire que les aides-soignants.

 # info
Le Ségur de la santé
foucherconnect.fr/24admissionap04

En juillet 2020, les salaires ont été revalorisés lors du Ségur de la santé et par décret du 29 décembre 2021, les auxiliaires de puériculture de la fonction publique territoriale ont été reclassées en catégorie B (elles étaient auparavant en catégorie C) avec une possibilité d'avancement de carrière plus rapide.

Dans le secteur de l'accueil du jeune enfant, certains AP peuvent se voir confier des missions spécifiques telles que l'accueil des stagiaires, l'accueil d'un enfant porteur de handicap, d'être référent d'un projet éducatif, etc.

Après le diplôme d'auxiliaire de puériculture, il est possible de s'orienter vers une formation d'éducateur de jeunes enfants ou vers la formation au diplôme d'État d'infirmier.

Le tronc commun de la formation initiale permet également d'accéder plus facilement au diplôme d'aide-soignant.

10 Y-a-t-il des contraintes ?

Bien sûr, mais elles dépendent du lieu d'exercice.

Il y a d'abord les horaires de travail qui s'effectuent par roulement, demandent une grande disponibilité, surtout en milieu hospitalier, où le planning peut tourner sur 8 heures ou sur 12 heures, le jour, la nuit, les weekends et les jours fériés.

Ensuite, il y a le poids de l'enfant qui doit souvent être pris aux bras (pour effectuer un change, consoler, endormir...). Et devoir se baisser, rester debout ou bien s'asseoir mais sur du mobilier souvent très bas nécessite de faire attention à ses postures professionnelles. L'ergonomie est d'ailleurs étudiée pendant la formation.

En dernier lieu, je dirais d'être confronté à la souffrance et parfois à la mort.

TÉMOIGNAGE

Paroles de professionnels

Cindy, auxiliaire de puériculture en jardin d'enfants

« C'est un métier très humain, tant dans la relation avec l'enfant qu'avec ses parents. Je peux en effet les accompagner dans leur rôle éducatif, les rassurer. Avec les enfants un peu plus grands, il faut parfois avoir de la fermeté. Quelquefois, il ne faut pas hésiter à passer le relais à un collègue : c'est aussi un vrai travail d'équipe ! »

Émily, auxiliaire de puériculture en crèche

« C'est un boulot très enrichissant et passionnant car suivre des enfants pendant presque trois ans pour certains, est une véritable satisfaction personnelle. C'est vraiment valorisant de voir la progression de chacun et de constater la satisfaction des parents. Il est également intéressant d'étudier la psychologie de l'enfant sur le terrain. Cependant, il n'est pas facile de s'adapter constamment pour éviter la routine ni d'être d'humeur constante chaque jour ! »

4 LA FORMATION AU MÉTIER

Ce programme d'études est centré sur la connaissance des besoins du développement de l'enfant, en tenant compte des maladies, handicaps ou difficultés psychologiques.

Le savoir, ainsi acquis, permet à l'auxiliaire de puériculture d'appréhender la complexité des situations rencontrées et d'apporter une réponse adaptée aux besoins de l'enfant.

1 Le programme de la formation

Ce programme est commun à tous les instituts de formation d'auxiliaires de puériculture.

La formation est accessible à partir de 17 ans. Il n'y a pas d'âge maximal sauf pour l'apprentissage, où l'élève doit avoir 25 ans au plus à la date de l'entrée en formation.

IMPORTANT Un nouveau référentiel de formation est mis en place à la rentrée 2021 dans le cadre de la réingénierie des diplômes aide-soignant et auxiliaire de puériculture.

 # info
Arrêté du 10 juin 2021
foucherconnect.fr/24admissionap03

2 La durée des études

Selon le nouveau référentiel en vigueur à la rentrée 2021, la formation conduisant au diplôme d'État d'auxiliaire de puériculture (DEAP) est plus longue (2 modules théoriques de plus) et comprend moins de stages (4 au lieu de 6 précédemment). Elle se déroule sur 12 mois au lieu de 10 et s'appuie sur 3 modalités d'intervention :

- accompagnement pédagogique individualisé (API) : 35 heures (dans les trois premiers mois de la formation) ;

- suivi pédagogique individualisé des apprenants : 7 heures (réparties tout au long de la formation) ;
- travaux personnels guidés (TPG) : 35 heures (réparties au sein des différents modules).

3 L'organisation de la formation

D'une durée totale de 44 semaines, soit 1 540 heures, elle est répartie ainsi :

- en institut : 770 heures d'enseignement théorique = 22 semaines ;
- en stages cliniques : 770 heures en milieu hospitalier et extra hospitalier = 22 semaines.

Toutes les semaines sont calculées sur une base de 35 heures. La formation peut être suivie de façon continue ou discontinue sur une période maximale de 2 ans.

La participation à l'ensemble des enseignements est obligatoire.

La rentrée s'effectue, selon les instituts de formation, soit la première semaine de janvier, soit la première semaine de septembre.

Durant la formation, les élèves bénéficient de congés :

- 3 semaines pour les élèves débutant leur scolarité en septembre ;
- 4 semaines pour les élèves débutant leur scolarité entre janvier et mars.

4 Le contenu de la formation

L'enseignement en institut comprend 10 modules de formation (versus 8 dans le référentiel de 2005) organisés autour de 5 blocs de compétences. Ces compétences réglementaires correspondent à celles qui sont attendues dans le cadre des certifications professionnelles (RNCP) garantissant les compétences, les aptitudes et les connaissances nécessaires à l'exercice des métiers :

- **Bloc 1** : Accompagnement et soins de l'enfant dans les activités de sa vie quotidienne et de sa vie sociale
  - **Module 1**. Accompagnement de l'enfant dans les activités de sa vie quotidienne et de sa vie sociale (147 heures)
  - **Module 1 bis**. Activités d'éveil, de loisirs, d'éducation et d'accompagnement à la vie sociale (28 heures)
  - **Module 2**. Repérage et prévention des situations à risque (21 heures)
- **Bloc 2** : Évaluation de l'état clinique et mise en œuvre de soins adaptés en collaboration
  - **Module 3**. Évaluation de l'état clinique d'une personne (77 heures)

- **Module 4**. Mise en œuvre des soins adaptés, évaluation et réajustement (154 heures)
- **Module 5**. Accompagnement de la mobilité de la personne aidée (35 heures)

- **Bloc 3** : Information et accompagnement des personnes et de leur entourage, des professionnels et des apprenants
  - **Module 6**. Relation et communication avec les personnes et leur entourage (70 heures)
  - **Module 7**. Accompagnement des personnes en formation et communication avec les pairs (21 heures)
- **Bloc 4** : Entretien de l'environnement immédiat de la personne et des matériels liés aux activités en tenant compte du lieu et des situations d'intervention
  - **Module 8**. Entretien des locaux et des matériels et prévention des risques associés (35 heures)
- **Bloc 5** : Travail en équipe pluriprofessionnelle et traitement des informations liées aux activités de soins, à la qualité/gestion des risques
  - **Module 9**. Traitement des informations (35 heures)
  - **Module 10**. Travail en équipe pluriprofessionnelle, qualité et gestion des risques (70 heures)

IMPORTANT

Cette réingénierie, qui avait été préalablement annoncée pour septembre 2020 par l'ancienne ministre de la Santé Agnès Buzyn, fait évoluer les compétences des aides-soignants afin qu'ils puissent répondre aux besoins de la population vieillissante en assurant une meilleure prise en charge des personnes âgées et de leurs pathologies. Un moyen également de valoriser la profession et de rendre le métier attractif, comme annoncé lors du Ségur de la santé. Trois missions visant à refléter la spécificité du métier sont définies dans le texte : accompagner la personne dans les activités de sa vie quotidienne et sociale dans le respect de son projet de vie, collaborer au projet de soins personnalisé dans son champ de compétences, et contribuer à la prévention des risques et au raisonnement clinique interprofessionnel.

La formation en milieu professionnel comprend 4 périodes de stages à réaliser en milieu professionnel dans différentes structures du champ sanitaire, social ou médico-social, en établissement ou en hospitalisation à domicile. Le parcours de stage comporte au moins une période auprès d'enfants en situation de handicap physique ou psychique ainsi qu'une expérience au moins de travail de nuit et de week-end.

3 stages de 5 semaines visent à explorer les 3 missions suivantes de l'auxiliaire de puériculture :

- 1° Accompagner l'enfant dans les activités de sa vie quotidienne et sociale ;
- 2° Collaborer aux projets de soins personnalisés dans son champ de compétences ;
- 3° Contribuer à la prévention des risques et au raisonnement clinique interprofessionnel.

Un stage de 7 semaines, réalisé en fin de formation, permet l'exploration ou la consolidation du projet professionnel et le renforcement des compétences de l'apprenant afin de valider l'ensemble des blocs de compétences. Il doit être réalisé en continu et ne peut pas être fractionné.

5 Les caractéristiques de la formation

Cette formation est une formation professionnelle car elle prépare à un métier.

Elle est organisée selon une alternance théorie-pratique dans les 2 lieux de formation que sont l'institut et le terrain de stage ; les étudiants doivent apprivoiser les 2 milieux, celui de l'école et celui de la vie professionnelle et doivent gérer à la fois les difficultés et les bénéfices de l'un et de l'autre.

A| Les enseignements théoriques

Ils sont dispensés par des formateurs (infirmiers, puériculteurs, cadres de santé) sous forme de cours magistraux, de travaux dirigés, de travaux de groupe et de séances d'apprentissage pratique et gestuel.

B| Les stages

Ils constituent le temps d'apprentissage de la pratique professionnelle. Ils s'effectuent dans le secteur hospitalier et extrahospitalier au sein de structures bénéficiant d'un encadrement assuré par des professionnels diplômés (auxiliaires de puériculture, infirmiers, infirmiers-puériculteurs, éducateurs de jeunes enfants) qui préparent progressivement l'étudiant à l'exercice de sa fonction.

Durant le stage, l'étudiant effectue 35 heures hebdomadaires de travail, il est intégré dans les roulements et peut travailler aussi bien de jour que de nuit.

Les stages durant la formation ne sont pas rémunérés ; chaque stage est encadré par une convention signée par l'organisme de formation, l'établissement d'accueil et l'étudiant qui bénéficie d'une assurance et d'une protection en cas d'accident.

De plus, au cours du stage, un tuteur de l'organisme de formation vient rendre visite à l'élève, pour faire le point avec l'étudiant et son référent.

6 Les allègements de formation

Neuf diplômes donnent la possibilité d'être dispensés de tout ou partie de certains modules de formations :

1. Le diplôme d'État d'aide-soignant ;
2. Le diplôme d'assistant de régulation médicale ;
3. Le diplôme d'État d'ambulancier ;
4. Le baccalauréat professionnel Services aux personnes et aux territoires (SAPAT) ;
5. Le baccalauréat professionnel Accompagnement, soins et services à la personne (ASSP) ;
6. Les diplômes ou certificats mentionnés aux articles D. 451-88 et D. 451-92 du code de l'action sociale et des familles ;
7. Le titre professionnel d'assistant de vie aux familles ;
8. Le titre professionnel d'agent de service médico-social ;
9. La spécialité « Accompagnant éducatif petite enfance » du certificat d'aptitude professionnelle.

 # info
Arrêté du 10 juin 2021
foucherconnect.fr/24admissionap03

7 La formation en apprentissage

Elle se déroule sur une durée minimale de 18 mois ; l'étudiant partage son temps de formation entre son lieu de travail (en tant qu'apprenti ou stagiaire), ses lieux de stage et l'institut de formation.

L'organisation pédagogique définie vise à répondre au projet professionnel de l'apprenti et aux besoins de l'employeur. Les périodes hors temps de formation sont réparties d'un commun accord en fonction des besoins définis entre l'employeur, l'apprenti, le directeur de l'institut de formation et le cas échéant le centre de formation des apprentis.

Certaines écoles disposent d'un partenariat avec des structures de la petite enfance, dans leur secteur géographique, qui ont des besoins en personnel, afin d'aider les élèves à décrocher un contrat.

Dans certaines zones peu urbanisées ou dans les quartiers sensibles, certaines collectivités locales comme les municipalités et les conseils départementaux proposent des contrats de pré-recrutement, qui assurent une embauche à la fin de la formation.

En échange du financement de l'école, l'auxiliaire de puériculture s'engage à rester travailler, dans la crèche ou la halte-garderie dans laquelle il a été formé, durant plusieurs mois ou années, après l'obtention de son diplôme.

8 Les modalités d'évaluation

Les évaluations jouent un rôle essentiel dans la dynamique enseignement-apprentissage et les critères d'évaluation sont définis au regard des objectifs de formation.

A| L'enseignement

Plusieurs types d'évaluation peuvent être réalisés en fonction des blocs de compétences :

- Bloc 1 : étude de situation et évaluation des compétences en milieu professionnel ;
- Bloc 2 : étude de situation en lien avec les modules 3 et 4, évaluation comportant une pratique simulée en lien avec le module 5, évaluation des compétences en milieu professionnel, attestation de formation aux gestes et soins d'urgence de niveau 2 ;
- Bloc 3 : étude de situations relationnelles pouvant comporter une pratique simulée et évaluation des compétences en milieu professionnel ;
- Bloc 4 : évaluation à partir d'une situation d'hygiène identifiée en milieu professionnel et évaluation des compétences en milieu professionnel ;
- Bloc 5 : étude de situation pouvant comporter une pratique simulée et évaluation des compétences en milieu professionnel.

B| Les stages

Lors de chaque stage, les responsables du terrain de stage évaluent le niveau d'acquisition de l'élève pour chacune des unités de compétences décrites sur un support d'évaluation donné.

Au terme des stages, l'équipe pédagogique réalise le bilan des acquisitions de l'étudiant en établissant le total obtenu à chaque unité de compétence.

Chaque compétence est validée si l'étudiant obtient une note au moins égale à la moyenne pour chacune d'elles.

9 L'obtention du diplôme

Pour valider l'année de formation et obtenir le DEAP, l'élève doit obtenir une note au moins égale à 10 sur 20 à chaque module de formation constituant le bloc de compétences. Il ne peut pas y avoir de compensation entre module. Le diplôme d'État d'auxiliaire de puériculture s'obtient donc par la validation de l'ensemble des blocs de compétence acquis en formation théorique et pratique et en milieu professionnel, selon les critères d'évaluation définis dans le référentiel de certification. En cas de non-validation d'un bloc de compétences, l'élève bénéficie d'une session de rattrapage.

10 Le coût de la formation

Les frais de formation s'échelonnent entre 6 300 euros et 7 600 euros environ en fonction du cursus choisi (total ou partiel).

Ils peuvent être pris en charge par l'employeur dans le cadre de la formation continue, mais aussi pour certains publics par la région, Pôle emploi ou le conseil départemental.

Si c'est le candidat qui finance sa formation, il peut solliciter des bourses. Plusieurs aides individuelles régionales peuvent être accordées selon la situation sociale de l'élève :

- allocation de formation (Pôle emploi) ;
- aides régionales d'études attribuées par le conseil régional.

IMPORTANT

Il est essentiel d'anticiper les possibilités de financement et de calculer le budget qui sera nécessaire car aux frais d'inscription s'ajoutent des frais d'hébergement, de restauration, de livres, de tenues professionnelles, de transport…

5 DÉFINIR SON PROJET PROFESSIONNEL

Maintenant que vous avez compris ce qu'est le métier d'auxiliaire de puériculture et comment se déroule la formation, vous devez déterminer si ce métier est bien celui que vous voulez exercer et pour quelles raisons.

L'entretien comprend un temps où vous allez devoir exposer vos motivations, il faut donc les travailler en amont.

1 Qu'est-ce qui est à l'origine de mon projet ?

A| Se poser les bonnes questions

Posez-vous des questions sur votre motivation :

- Est-ce un domaine qui vous passionne depuis que vous êtes enfant ?
- Est-ce un choix lié à vos centres d'intérêts ?
- Y-a-t-il eu un élément déclencheur ?

Peut-être avez-vous été guidé par des amis ou des proches qui vous ont parlé de ce domaine d'étude et ses débouchés, et cela vous a plu.

B| Identifier ses motivations

Les raisons de vos motivations peuvent être nombreuses. Il faut juste savoir les identifier. Voici quelques pistes pour vous aider : une de ces 3 situations vous correspond peut-être.

» Vous savez à partir de quel moment, de quel événement vous avez décidé que vous seriez auxiliaire de puériculture.

Il faut savoir qu'il n'existe pas de bonne ou de mauvaise raison ; il faut juste être capable de l'expliquer devant un jury sans se laisser envahir par l'émotion :

- si la raison est beaucoup trop personnelle ou douloureuse, il vaut mieux ne pas en parler précisément. Le jury évalue également chez le candidat sa capacité à maîtriser ses émotions ;
- si c'est à la suite d'une discussion avec un auxiliaire de puériculture, du visionnage d'un documentaire ou d'un film, il faudra être précis et savoir définir exactement ce qui vous a attiré vers ce métier et pour quelles raisons.

» Vous avez un parent proche, un ami qui exerce ce métier et qui vous en parle depuis longtemps et vous avez toujours voulu faire comme lui.

ATTENTION

Il faudra vraiment être convaincant car on ne choisit pas un métier comme celui-là par mimétisme. Vous allez devoir chercher vos propres motivations.

» Vous l'avez toujours su, c'est une évidence mais vous ne retrouvez pas le fait, le moment précis qui a déclenché cette volonté d'être auxiliaire de puériculture : définissez ce qui vous attire dans ce métier : le côté relationnel, les soins, la technicité, le milieu hospitalier ou le milieu de la petite enfance...

Vous pouvez vous servir de toutes les informations que vous avez recueillies dans les fiches précédentes sur le métier et la formation afin d'étayer vos propos.

2 Qu'est-ce qui m'attire dans ce métier ?

Il faut que vous sachiez définir et expliquer ce qui vous attire dans ce métier et vous pousse à tenter la sélection :

- la formation : est-ce l'alternance entre stages et théorie, la durée des études, la diversité des contenus, le fait de côtoyer l'univers hospitalier... ?
- le métier : est-ce le côté relationnel, le travail en équipe, le prendre soin, l'aide apportée aux autres, la possibilité des différents lieux d'exercice ... ?

CONSEILS

Réfléchissez bien à vos réponses, il faudra que le jury perçoive réellement ce que vous ressentez, ne cherchez pas à mettre en avant des motivations que vous n'avez pas, le jury s'en apercevrait.
Soyez sincère et montrez que vous êtes intéressé par la formation et le métier.

3 Dans quel secteur d'activité avez-vous envie de travailler ?

Avez-vous déjà réfléchi à ce que vous aimeriez : travailler avec les bébés, les enfants sains ou, au contraire, les enfants malades, les enfants avec un handicap ? Avez-vous déjà un souhait ou vous donnez-vous le temps de la formation pour découvrir toutes les facettes du métier ?

CONSEILS
Ne vous lancez pas dans de grandes explications théoriques, soyez précis.
Il est inutile de nier les difficultés, les contraintes et la pénibilité du travail, l'ensemble des propos doit être réaliste et cohérent.

TÉMOIGNAGE

Paroles de candidats

Mathéo, 19 ans

« En classe de 3e, j'ai effectué un stage d'observation dans une école maternelle et cela m'a beaucoup plu. J'étais à l'aise avec les enfants mais ça m'a fait réaliser que je ne voulais pas travailler dans une école maternelle. »

Laura, 25 ans

« J'aimerais travailler en pouponnière ou en maternité mais en faisant les stages dans les différents domaines je peux très bien envisager de travailler dans un autre lieu. Et cela est une continuité logique de mon projet de travailler auprès d'enfants dans le domaine paramédical. »

6 ORGANISER SA PRÉPARATION

Vous allez présenter un examen qui n'a pas encore été organisé car l'entretien a été annulé en 2020 et seul le dossier pris en compte à cause de la crise sanitaire liée au Covid-19. Il n'existe donc aucune annale ni aucune information pour savoir si, lors de l'entretien, le jury peut vous poser des questions de connaissances ou d'actualité dans le domaine sanitaire et social. Dans le doute, nous allons vous aider à acquérir ou à revoir ces différentes notions.

1 Identifiez le travail qui vous attend

Mobilisez vos connaissances sur les grands thèmes sanitaires et sociaux en construisant des fiches que vous réviserez dans un second temps.

2 Mobilisez vos connaissances et vos savoirs

Élargir sa culture générale et s'intéresser à l'actualité sanitaire et sociale permet de collecter une somme d'informations qui pourra vous servir lors de l'entretien avec le jury.

A| Recherchez l'information

1| Internet

Véritable mine de renseignements, Internet peut toutefois rassembler le pire comme le meilleur ! Il faut donc **faire preuve de vigilance sur la pertinence des**

sites visités. L'intérêt est de pouvoir copier des liens et/ou des pages et y revenir ensuite facilement.

Quelques liens sont à privilégier pour vos recherches dans les domaines sanitaires et sociaux : www.sante.gouv.fr, www.anrs.fr, www.sida-info-service.org, www.fondationdefrance.org, www.drees.sante.gouv.fr, www.ivns.sante.fr, www.vie-publique.fr, www.planning-familial.org, www.developpement-durable.gouv.fr, www.social-sante.gouv.fr, www.education.gouv.fr.

2 | La télévision et la radio

Les débats, les émissions médicales, certaines interviews et les journaux télévisés peuvent apporter une **information récente et de qualité**. Certaines émissions de radio relaient des **témoignages** intéressants, notamment lorsqu'il s'agit d'auditeurs faisant part de leurs questionnements.

3 | Les magazines spécialisés et les journaux

Ils traitent pour la plupart de sujets d'actualité et sont parfois constitués de dossiers sur des thèmes bien précis. Les brochures en libre consultation chez les médecins ou dans les pharmacies sont également de bonnes sources d'information sur des sujets précis.

IMPORTANT

Certains IFAP demandent aux candidats d'avoir aussi des connaissances en anatomie.

 # bonus
Planches anatomiques
foucherconnect.fr/24admissionap01

B | Élaborez des fiches thématiques

1 | Identifiez les thèmes

Trois grandes thématiques sont à travailler en priorité : les **grands thèmes sanitaires**, les **grands thèmes sociaux** et les **thèmes d'actualité sanitaire et sociale**. Voici quelques exemples de thèmes appartenant à ces grandes thématiques. Vous pouvez bien sûr en trouver d'autres, notamment sur l'actualité.

- **Les thèmes à dominante sanitaire** : le cancer, le sida, les infections associées aux soins (anciennement appelées nosocomiales), l'hygiène, la tuberculose, le diabète, la maladie d'Alzheimer, les accidents vasculaires cérébraux (AVC), l'acharnement thérapeutique, le handicap, l'alcoolisme, le tabagisme, les toxicomanies, l'avortement, le tatouage et les piercings chez les jeunes…
- **Les thèmes à dominante sociale** : le chômage, la pollution, l'éducation et la scolarisation, la délinquance, l'illettrisme, la discrimination, les violences faites aux femmes, la maltraitance, la parité hommes-femmes, le suicide et la violence chez les jeunes…

- **Les thèmes d'actualité** : la théorie du genre, l'homoparentalité, le vieillissement de la population, l'immigration, l'assistance médicale à la procréation (AMP), l'épuisement au travail, la crise sanitaire liée au Covid-19…

2 | Préparez les fiches

Une fois ces grands thèmes identifiés, il convient de réaliser une **fiche par thème** en synthétisant les informations trouvées. Utilisez de préférence une **fiche cartonnée** sur laquelle vous écrirez :

- le titre du thème en gros ;
- la définition ;
- les caractéristiques (facteurs de risques, conséquences, effets et risques…) ;
- les dates importantes ou les chiffres récents dans un tableau pour plus de lisibilité (croisez les infos, surtout les dates et les statistiques, en vérifiant sur différentes sources) ;
- l'actualité la plus récente ou l'émission de télé ou de radio qui s'y rattache ;
- la législation ;
- les moyens de prévention, les solutions ou les perspectives.

IMPORTANT

Notez toujours la **source d'information** ainsi que les autres fiches qui peuvent avoir un lien avec celle-ci. Vos fiches doivent être très synthétiques. C'est en les élaborant que vous retiendrez le plus d'informations.

MÉTHODE

Pour chaque thème, interrogez-vous : avez-vous un avis personnel sur la question ? Quel que soit le sujet, il y a toujours des arguments pour et des arguments contre. Même s'ils sont à l'opposé de vos valeurs, montrez que vous gardez l'esprit ouvert et critique. Interrogez-vous !

3 Identifiez le temps dont vous disposez

- Vous allez devoir planifier votre préparation en fonction du temps qui vous sépare de l'entretien et du temps dont vous disposez dans la semaine.
- Vous choisirez des créneaux de travail réalisables, où vous êtes sûr de pouvoir vous dégager du temps.
- Cherchez aussi le lieu où vous allez pouvoir travailler sans être dérangé. Si vous avez des enfants à la maison, il peut être intéressant d'aller travailler dans une bibliothèque ; dans tous les cas, trouvez le moyen de vous isoler de tout ce qui peut vous distraire.

ATTENTION
Ne laissez pas passer la date de renvoi de votre dossier, notez-la en rouge sur votre agenda.

4 Planifiez vos révisions

- Établissez un rétroplanning à partir du jour précédant l'entretien jusqu'au jour où vous allez commencer à réviser.
- Notez-y d'abord toutes les périodes de travail que vous avez identifiées.
- Établissez ensuite votre emploi du temps en notant pour chaque créneau de révisions le contenu de ce que vous allez étudier.

CONSEILS
- Pensez à garder une journée ou une demi-journée pour vous, votre maison, votre famille et à faire des pauses si vous révisez tous les jours sur une période donnée.
- Si vous travaillez par journées entières, mettez tout le travail de réflexion plutôt le matin et le travail de recherche ou de révisions l'après-midi.

5 Tenez-vous à l'organisation que vous avez décidée

- C'est très dur de se tenir à un emploi du temps ! On a toujours mille choses « très importantes » à faire, qui nous empêchent de nous mettre à notre table de travail.
- Il faut vous donner les moyens de vous y tenir.
- Prévenez votre famille et vos amis ! Écrivez-le, affichez-le à la vue de tous !
- Mettez votre téléphone en mode avion, et pas sur vibreur, c'est si tentant de jeter un coup d'œil à un message reçu, à une alarme qui vibre !
- Si vous le pouvez, quittez votre domicile, allez en bibliothèque : vous ne serez pas parasité par tout votre environnement et les contraintes qui peuvent exister.

6 Faites des points réguliers

- Pour savoir où vous en êtes et si le planning choisi est cohérent.
- N'hésitez pas à le modifier en fonction de vos avancées ou de votre retard.
- N'attendez pas pour identifier ce qui vous gêne ou vous empêche de travailler.
- Changez de méthode de travail si vous ne vous sentez pas efficace.

- Si vous ne retenez pas suffisamment en lisant, essayez d'apprendre à haute voix.
- Il faut que vous trouviez votre propre méthode de révision.

7 Motivez-vous

- Mettez-vous dans une tenue confortable, prévoyez du thé, du café, une bouteille d'eau. Faites-en un moment agréable, un moment pour vous.
- Même si c'est fastidieux et que cela vous demande beaucoup d'effort, dites-vous que vous travaillez pour vous, pour atteindre votre objectif, pour évoluer professionnellement et personnellement et qu'au bout, se trouve la réussite !

8 Ne vous malmenez pas

- Autorisez-vous des pauses dans la journée ou la demi-journée.
- Gardez toujours un temps pour vous dans la semaine.
- Ne forcez pas. Quand vous avez l'impression de ne plus rien arriver à apprendre, allez faire un tour, aérez votre esprit.
- L'hygiène de vie a une grande importance sur les performances cérébrales, ne l'oubliez pas :
  - dormez suffisamment pour aider votre cerveau à mémoriser ;
  - mangez équilibré et à des heures régulières, évitez les excitants ;
  - et si vous avez l'habitude de faire du sport, ne l'arrêtez pas complètement.

9 Quelques conseils pour réussir l'entretien

A| Avant l'entretien

- Les jours qui précèdent l'épreuve, réglez bien votre horloge biologique sur l'heure de l'entretien.
- Pensez à ranger votre convocation et votre pièce d'identité.
- Mettez une petite bouteille d'eau et un paquet de mouchoirs dans votre sac (le stress peut provoquer des sueurs gênantes ou, au contraire, vous déshydrater).
- Repérez le lieu de l'oral, votre trajet, estimez votre temps de transport. Et calculez l'heure à laquelle vous devrez partir de chez vous (les retardataires sont refusés).

B| La veille de l'oral

- Préparez votre sac avec tout ce dont vous aurez besoin.
- Ne faites pas de dernières révisions, changez-vous les idées avec un bon film par exemple. Il faut laisser votre cerveau se reposer.
- Ne stressez pas inutilement : il est normal de douter, d'avoir peur de ne pas gérer le temps, d'avoir l'impression que tout se mélange, que vous ne savez plus rien !
- Vous avez travaillé et révisé et donc accumulé des connaissances.
- Vous vous êtes bien préparé, il n'y a pas de raison que vous échouiez.

CONSEILS
- Ne vous couchez pas trop tard.
- NE VOUS SOUS-ESTIMEZ PAS.

C| Le matin de l'entretien

- Prenez un petit-déjeuner, vous aurez besoin de force et d'endurance. Si rien ne passe, emportez une banane ou une barre de céréales avec vous.
- Partez suffisamment tôt pour arriver à l'heure, voire un peu en avance, vous aurez ainsi le temps de repérer les différentes salles, d'aller aux toilettes si besoin.
- Mettez votre portable en mode avion : il n'y a rien de plus dérangeant qu'un portable qui vibre ou pire qui sonne pendant l'entretien.

FAITES LE POINT !

Essayez de répondre aux questions sans regarder les fiches précédentes. Plusieurs réponses sont possibles.

Exercice 1 La sélection

1. Combien y a-t-il d'épreuves ?

☐ A. 1
☐ B. 2
☐ C. 3

2. Quelles sont les conditions pour se présenter ?

☐ A. Avoir déjà travaillé 3 ans
☐ B. Être âgé de moins de 50 ans
☐ C. Avoir au moins 17 ans

3. En quoi consistent les épreuves?

☐ A. Une épreuve écrite de type QCM et un entretien oral
☐ B. Des tests psychotechniques
☐ C. Un entretien oral
☐ D. Une étude de texte
☐ E. Une épreuve écrite, une épreuve orale et des tests

4. Des connaissances numériques sont indispensables pour cet examen.

☐ A. Vrai
☐ B. Faux

Exercice 2 La formation

1. Les études d'auxiliaire de puériculture durent 1 an.

☐ A. Vrai
☐ B. Faux

2. Vous pouvez citer 4 des 10 modules.

☐ A. Oui
☐ B. Non

3. Les stages sont au nombre de :

❑ A. 2
❑ B. 4
❑ C. 6

4. Les stages sont laissés au choix de l'étudiant.

❑ A. Vrai
❑ B. Faux

5. L'ergonomie est étudiée pendant la formation.

❑ A. Vrai
❑ B. Faux

Exercice 3 Le métier

1. L'auxiliaire de puériculture peut travailler où il veut dès l'obtention de son diplôme.

❑ A. Vrai
❑ B. Faux

2. L'auxiliaire de puériculture travaille sous la responsabilité de l'infirmier.

❑ A. Vrai
❑ B. Faux

3. Quelles sont les conditions de travail du métier d'auxiliaire de puériculture ?

❑ A. Le travail se fait en équipe pluridisciplinaire
❑ B. Les horaires de travail sont souples
❑ C. Il y a des contraintes physiques

CORRIGÉS

Exercice 1 La sélection

1. A
2. C
3. C
4. B

Exercice 2 La formation

1. A
2. Il est impératif que vous connaissiez les 10 modules et leur contenu.
3. B
4. B
5. A

Exercice 3 Le métier

1. A
2. A
3. A et C

Partie 2
PRÉPARER SON DOSSIER

1. Les éléments du dossier
2. Le *curriculum vitae* (CV)
3. La lettre de motivation
4. Le document manuscrit

1 LES ÉLÉMENTS DU DOSSIER

Vous avez retiré dans l'IFAP de votre choix ou téléchargé sur son site internet la fiche d'inscription dans laquelle seront indiquées toutes les formalités à accomplir, notamment les dates des épreuves orales. Lisez bien la notice d'information qui l'accompagne : vous devrez renvoyer votre dossier avant une date limite.

Ce dossier doit être préparé avec beaucoup de soin : le jury doit pouvoir évaluer votre projet professionnel, vos motivations ainsi que vos capacités à valoriser votre expérience professionnelle.

1 Les éléments

L'examen de votre dossier sera fait à partir de ces différents éléments qui doivent être, si c'est précisé, nommés et classés dans l'ordre.

A| La fiche d'inscription

- La fiche doit être **remplie et signée**. Vous devez noter si vous acceptez ou non la publication de votre nom sur les listes informatiques, fournir une photo et le règlement de vos droits d'inscription.
- Dans certains IFAP, vous devez remplir une fiche renseignant vos **modalités de financement** : prise en charge par votre employeur, si vous avez déjà effectué des démarches auprès d'un organisme paritaire collecteur agréé tel que Fongecif, OPCA ou ANFH ou bien si vous envisagez un financement personnel.

À SAVOIR

➲ Il existe **différents dispositifs d'aides financières** :
- le projet de transition professionnelle, ouvert aux salariés du privé, permet de maintenir tout ou partie de son salaire sur une durée donnée ;
- le **congé de formation professionnelle**, accessible aux personnes ayant travaillé dans la fonction publique hospitalière, ouvre droit à une indemnité mensuelle.

B| La photocopie d'une pièce d'identité

- La photocopie doit être **recto verso** et, suivant l'IFAP, être datée, signée et comporter la mention « J'atteste la conformité à l'original de la présente copie ».
- Sont considérées comme pièces d'identité : le passeport, la carte nationale d'identité (CNI) et le permis de conduire. Ils doivent avoir votre photographie et être en cours de validité.

IMPORTANT

- Depuis le 1er janvier 2014, la CNI est valide 15 ans.
- En cas de perte ou de vol, vous pouvez présenter le récépissé de la déclaration de vol ou de perte.

- Pour les **ressortissants étrangers**, il peut être toléré un titre de séjour valide qui devra être renouvelé pendant la formation si besoin. Renseignez-vous lorsque vous retirez votre dossier.

C| Le(s) diplôme(s) ou titre(s) obtenu(s)

Faites une photocopie de vos diplômes et titres, notamment ceux qui peuvent vous permettre d'entrer en cursus partiel.

D| Les résultats scolaires

Le jury doit pouvoir apprécier votre niveau scolaire en l'absence de diplôme. Il faudra donc préparer les photocopies des bulletins et appréciations des classes de première et de terminale.

E| Les certificats d'employeurs

Il s'agit de toutes les attestations de travail délivrées par votre (vos) employeur(s), appréciations éventuelles ou recommandations personnalisées.

F| Les autres justificatifs

Tout document pouvant apporter un plus à votre candidature : une expérience ou un engagement associatif ou sportif qui pourra accentuer ou mettre en valeur vos qualités humaines et/ou relationnelles.

G| Un CV, une lettre de motivation et un document manuscrit de 2 pages

Voir les fiches 2, 3 et 4 de cette partie.

2 L'envoi du dossier

- L'inscription ne sera effective que si le dossier est complet (tout dossier incomplet sera renvoyé).
- Le dépôt du dossier peut être exigé par voie numérique sous format PDF à l'adresse de l'IFAP ; sinon ce sera soit directement dans la boîte aux lettres, soit par envoi postal, le cachet de la Poste faisant foi (il est conseillé un envoi en recommandé avec accusé de réception).
- Si vous n'avez pas reçu de réponse ni d'accusé de réception 15 jours avant la date de l'entretien, appelez l'institut pour vérifier à quelle date les envois de convocation ont eu lieu.

2 LE *CURRICULUM VITAE* (CV)

Pour préparer un CV, il faut lister tous les éléments de vos parcours scolaire et professionnel. Ces éléments seront ensuite inscrits de façon chronologique, afin d'élaborer votre lettre de motivation (voir fiche 3) et, plus tard, de préparer votre présentation et les réponses aux questions du jury.

Interrogez-vous : réfléchissez à votre personnalité, à votre potentiel. Ce qui importe au jury, c'est votre capacité à donner du sens à votre vie et aux événements qui l'ont marquée, à interpréter vos expériences quelles qu'elles soient et à les relier entre elles pour donner une certaine cohérence à l'ensemble de votre projet professionnel.

1 Les rubriques du CV

A| Votre parcours scolaire

- Mettez en valeur les points forts de votre cursus même dans un domaine qui n'a rien à voir avec le métier d'auxiliaire de puériculture. Quelles que soient vos études, vous avez dû apprendre à suivre des cours, à faire des fiches, à vous organiser dans vos révisions.
- N'hésitez pas à analyser vos échecs, les interruptions d'études ou les changements d'orientation. Tout ce qui vous est arrivé durant votre parcours scolaire (que vous l'ayez subi ou décidé) intéresse le jury.

IMPORTANT

L'objectif du jury est de s'assurer que vous savez tirer parti de vos échecs, et que vous êtes capable de vous remettre en question, d'accepter de parler d'une difficulté et de savoir dire ce que cela vous a appris.

B| Votre parcours professionnel

- **Tous les emplois** que vous avez occupés ont enrichi votre expérience professionnelle, et ce, quel que ce soit le domaine. Vous avez forcément développé des compétences qui ont un lien avec celles attendues d'un auxiliaire de puériculture.

Exemples

- Si vous avez fait du droit, cela a pu vous apporter de la rigueur, un grand sens de l'organisation et des connaissances juridiques qui pourront vous servir.
- Si vous avez suivi des études de psychologie, vous avez développé des compétences en analyse de situations.
- Si vous avez travaillé dans la vente, vous avez acquis une adaptabilité relationnelle.
- Si vous vous êtes occupé d'enfants (animation, centre aéré, babysitting…), vous avez développé des compétences dans l'accueil et l'accompagnement des enfants.

- N'oubliez pas de mentionner vos **emplois saisonniers**, vos emplois occupés les soirs, les week-ends. Mettez-les en valeur, reliez-les avec le domaine médical. Montrez au jury que êtes capable de tirer un enseignement de toutes vos expériences.
- C'est la somme de toutes ces expériences qui a construit l'adulte et donc le candidat que vous êtes, cherchez bien le fil qui relie tous ces événements de votre vie et rattachez-le à ce métier pour lequel vous postulez. Chacune de ces expériences vous a apporté des compétences comme le sens de l'équipe, l'entraide, le sens des responsabilités…

C| Vos formations effectuées en cours d'emploi

- Toutes les formations, qu'elles aient été obligatoires ou que vous les ayez demandées, vous ont apporté des connaissances, une réflexion sur vos pratiques professionnelles, voire une approche différente de vos collègues, des usagers, des enfants et de leurs parents en fonction du secteur dans lequel vous avez travaillé.
- Essayez de relier les plus récentes ou les plus importantes avec le métier pour lequel vous voulez entrer en formation.

D| Vos autres activités

- Si vous avez l'expérience du **bénévolat**, surtout n'oubliez pas d'en parler, que ce soit pour une association, du sport, des accompagnements, lors de manifestations ponctuelles, etc.
- Listez aussi vos passions, vos loisirs culturels ou sportifs, ce qui vous anime et vous procure de la détente, du plaisir.

- Le jury apprécie les candidats qui savent s'enthousiasmer. En revanche, soyez synthétique. Ne consacrez pas tout votre temps à ce thème. Vous ne devez pas non plus énumérer une liste trop longue d'activités que vous aimez faire : citez juste ce qui vous tient le plus à cœur.

E | Vos compétences particulières

Langues étudiées, parlées, lues, écrites ; connaissances en informatique, maîtrise des logiciels (Word, Excel, Power Point...), etc.

2 Un exemple de CV

Nom, prénom
Adresse
Code postal, ville
Téléphone
Courriel

COMPÉTENCES GLOBALES

- Qualités relationnelles : *ajouter des exemples*
- Qualités d'organisation
- Grande capacité d'adaptation

EXPÉRIENCE PROFESSIONNELLE

- Année x à x : *lister ses emplois*
- Année

FORMATION ET DIPLÔMES

Année x : *lister et présenter les diplômes obtenus et les formations suivies*

INFORMATIONS COMPLÉMENTAIRES

- Âge
- Connaissance ou maîtrise informatique (*lister les logiciels*)
- Aptitude particulière (chant, musique...)

CONSEILS

- Vous pouvez ajouter une photo.
- N'oubliez pas de vérifier qu'il n'y a pas de fautes d'orthographe.

3 LA LETTRE DE MOTIVATION

À partir des éléments que vous avez déterminés pour établir le CV, vous pouvez rédiger votre lettre de motivation.

1 Le contenu de la lettre

- Celui-ci vous appartient : il doit prouver au jury votre détermination à devenir auxiliaire de puériculture. Il faut donc lui donner envie de vous rencontrer, et votre personnalité doit transparaître.
- Quelques éléments doivent figurer dans la lettre :
  - votre **métier actuel** et la fonction que vous avez, les compétences que vous y avez développées et qui pourront vous servir dans votre futur métier ;
  - les **formations** que vous avez suivies ;
  - l'origine de votre désir de devenir auxiliaire de puériculture ;
  - la raison s'il y en a une pour laquelle vous choisissez cet IFAP ;
  - ce qui vous attire dans cette formation.
- Et si vous avez un projet professionnel bien précis, n'hésitez pas à l'écrire.

MÉTHODE

- Soyez précis, concis (la lettre doit faire entre 2 et 4 pages maximum).
- Soyez intéressant : vos idées doivent se succéder logiquement et avoir du sens.
- Faites des paragraphes et, à la fin, relisez-vous et faites-vous relire pour vérifier que les personnes comprennent bien ce que vous voulez dire.
- Et surtout vérifiez votre orthographe et votre grammaire.
- Recopiez-la de manière à ce qu'elle soit le plus lisible possible, entraînez-vous à une écriture régulière, appliquez-vous.

2 La forme de la lettre

Elle doit respecter une présentation bien définie et s'adresser au directeur ou à la directrice de l'institut (voir modèle ci-dessous).

Exemple de présentation de lettre de motivation

Ville, le (date)

Nom, prénom
Adresse
Code postal, ville
Téléphone
Courriel

Nom de l'établissement
À l'attention de (civilité) Nom, titre
Adresse
Code postal, ville

Objet : candidature pour les épreuves de sélection en IFAP

Madame, Monsieur,

J'ai l'honneur de… « présenter ma candidature », « postuler pour avoir la chance d'être accepté dans votre institut », « de vous soumettre mon dossier de candidature »

« Depuis de nombreuses années, je souhaite… » ; « J'ai depuis longtemps le souhait de devenir… »

[Expliquez pourquoi vous souhaitez exercer ce métier.]

« J'ai fait des études de… », « Actuellement en classe de… », « J'ai eu le diplôme de… il y a… » ou « Je travaille actuellement… », « Dans mon métier actuel… »

[Faites des liens avec le futur métier, mettez en avant les compétences que vous avez développées.]

« Je suis conscient du travail qu'il va falloir fournir », « des qualités qu'il faut pour exercer ce métier », « de l'engagement que nécessite cette formation » mais je suis prêt (volontaire, motivé, déterminé à …)

[Montrez que vous avez réfléchi et que vous êtes conscient des enjeux.]

« Je connais », « Je me suis renseigné », « j'ai étudié » le contenu de la formation.

[Le jury doit voir que vous vous êtes intéressé aux études que vous voulez entreprendre.]

« Je suis … »

[Donnez une ou 2 qualités que vous possédez et qui vous semblent importantes pour ce futur métier.]

Si vous le souhaitez, vous pouvez rajouter, « Dans l'attente de vous rencontrer lors de l'entretien »

Je vous prie d'agréer, « Madame, Monsieur », l'expression de mes salutations distinguées.

Signature

4 LE DOCUMENT MANUSCRIT

Vous devez choisir entre **relater une situation personnelle ou une situation professionnelle** vécue (que vous choisissiez l'une ou l'autre, il est préférable que ce document relate une expérience ou un événement dans un domaine sanitaire et/ou social, ayant motivé votre souhait de devenir auxiliaire de puériculture) ou encore votre projet professionnel.

1 La forme du document

A| Les différentes rubriques

Quel que soit le thème que vous choisissez, votre écrit doit être rédigé selon une **forme bien définie** :

- vos **coordonnées** en en-tête puis le **titre du document** en fonction de ce que vous avez choisi ;
- une **introduction** : une phrase suffit pour introduire le contexte et présenter la situation ;
- une **description de la situation** : employez un vocabulaire précis, soyez factuel, ne faites pas d'interprétation, n'utilisez pas d'expression familière, ne donnez aucun nom ;
- une **analyse de la situation** : argumentez et si besoin donnez votre avis sans juger, partager vos valeurs, essayez de relier la situation avec la profession d'auxiliaire de puériculture, il faut que le jury y trouve des éléments qui vont le convaincre de la pertinence de votre candidature ;
- une **conclusion** : il s'agit de faire le bilan, la synthèse en démontrant pourquoi cette situation vous conforte dans votre choix de métier.

IMPORTANT

Une des difficultés réside dans le nombre de pages exigé : 2 pages au maximum.
2 pages maximum signifie 2 pages : 1 recto et 1 verso !

B| Un document manuscrit

Il faut savoir qu'une page manuscrite avec une écriture moyenne normalement espacée correspond à environ 12 lignes sur un document écrit à l'ordinateur. Cela signifie que vous allez devoir vous entraîner :

- à définir puis rédiger votre situation sans aucune faute d'orthographe et dans un style fluide et synthétique ;
- à l'écrire à la main dans une écriture très lisible et la plus régulière possible tout en l'adaptant afin de respecter le nombre de pages requis.

2 Le contenu du document

- **Une situation professionnelle vécue** : cela peut être toute situation vécue dans le cadre du travail, que vous en ayez été acteur ou que vous y ayez assisté, pendant un stage, dans le cadre de votre scolarité, etc.
- **Une situation personnelle vécue** : cela peut être une expérience personnelle d'hospitalisation, l'accompagnement d'un proche malade ou en fin de vie, la rencontre avec un professionnel, une réflexion à la suite d'un reportage sur le métier, etc.
- **Le projet professionnel** : il s'agit de résumer votre projet. Faites attention à bien personnaliser votre écrit : il faut le différencier de votre lettre de motivation.

MÉTHODE

Dans tous les cas, essayez d'aborder les fondamentaux du métier : la relation d'aide, la communication verbale et non verbale, le travail en équipe, l'ouverture d'esprit, les règles de sécurité ainsi que les valeurs que vous portez : le respect, la tolérance, la bientraitance, l'équité…

3 Exemples de document

A| Une situation professionnelle

Je travaille depuis 1 an en qualité d'agent d'entretien dans une crèche d'entreprise. Je fais partie de l'équipe pluridisciplinaire et je côtoie toute la journée des auxiliaires de puériculture. Je participe avec eux, pendant des temps bien définis, à l'accueil des enfants et de leurs parents soit à l'arrivée le matin soit au départ le soir, et je peux aussi les assister parfois pendant des temps d'activité.

Cela fait plusieurs fois que je remarque qu'une maman semble agacée : elle coupe souvent la parole aux auxiliaires lors des transmissions pour exprimer son mécontentement notamment sur le temps de sieste, car elle trouve que son fils dort trop longtemps. Un matin, elle est arrivée en disant qu'elle exigeait que son fils soit réveillé au bout de 2 heures de sieste. En effet, elle ne supportait plus qu'il dorme 3 heures d'affilée car, le soir, elle n'arrivait pas à le coucher. Les auxiliaires ont refusé, lui répondant que ce n'était pas possible de réveiller un enfant qui dormait et la situation s'est dégradée jusqu'à ce la directrice qui revenait d'une formation sur la coéducation propose de nous en faire un petit compte-rendu en prenant en exemple, la situation de ce conflit avec la maman.

Elle nous a expliqué pourquoi il est important de ne pas refuser systématiquement les demandes des parents mais de les écouter et de tenter de les comprendre, d'expliquer tranquillement aux parents le besoin physiologique de sommeil de l'enfant et ensuite d'essayer de trouver avec la maman en question, une solution qui puisse prendre en compte sa demande et le respect du sommeil de l'enfant qui fait partie des valeurs de notre établissement.

Ce n'était pas la première fois que j'y pensais mais cette situation m'a vraiment décidée à franchir le pas. Cela m'a donné envie d'étudier toutes ces connaissances sur le développement et les besoins de l'enfant, sur la communication avec l'enfant et sa famille mais aussi tout l'aspect médical que je ne connais pas. Je me suis donc renseignée sur les conditions de sélection pour entrer à l'école et je suis allée chercher mon dossier d'inscription.

B| Une situation personnelle

J'ai 20 ans et je suis la plus jeune d'une fratrie de trois enfants. L'an dernier, ma petite nièce, âgée de 6 mois, a été hospitalisée une semaine à la suite d'une sévère gastro-entérite et j'ai proposé à mon frère et à ma belle-sœur de les relayer à l'hôpital quand ils en auraient besoin.

Un après-midi donc, j'étais dans la chambre et je lui lisais un livre d'images quand une auxiliaire de puériculture est entrée pour effectuer le change de sa couche. Elle m'a proposé de rester. J'étais un peu inquiète et j'appréhendais le soin car je savais que ma nièce avait un gros érythème fessier et que ça lui faisait mal.

J'ai découvert le métier d'auxiliaire de puériculture à ce moment-là : j'ai vu ce que cela signifiait d'être professionnel dans ce métier car, avec une douceur infinie, de la pudeur et du respect mais aussi avec beaucoup de précision dans les gestes et sans que ça ne soit trop long non plus, l'auxiliaire a effectué la toilette et le change. Elle n'a pas cessé de lui parler, elle lui expliquait (et à moi aussi) tous les gestes qu'elle faisait, elle la rassurait et, si ma nièce a pleuré bien sûr au moment de la toilette génitale, elle s'est très rapidement calmée et elle lui a même souri. On sentait l'enfant en totale confiance, c'était incroyable et j'étais rassurée moi aussi !

Je crois que c'est à ce moment-là que j'ai commencé à réfléchir à ce métier. Pouvoir être utile, aider et accompagner les enfants et leurs parents lors de soins qui peuvent être douloureux, les rassurer en leur parlant, en étant précis, être capable d'assurer des gestes demandant une technicité dans le calme tout en respectant l'hygiène et la sécurité, tout cela m'a fortement intéressée.

J'en ai immédiatement parlé autour de moi et j'ai cherché sur Internet les informations sur le métier et la formation. Tout ce que j'ai lu et entendu m'a confortée dans ma décision. J'ai donc décidé de présenter l'épreuve de sélection.

C | Un projet professionnel

J'ai 20 ans et je n'avais jamais envisagé de travailler avec les enfants. En réalité, j'ai toujours fait du sport à haut niveau, notamment de l'athlétisme, et je voulais être professionnel. Mais, à la suite d'une mauvaise blessure, j'ai dû arrêter la compétition. J'étais très incertain sur ce que je voulais faire de ma vie, j'étais en sport-études et on me dirigeait alors vers une école de commerce.

C'est mon ancien coach qui m'a incité à entraîner des enfants en attendant d'y voir clair et ce travail m'a vraiment plu. J'ai rapidement réussi à établir une relation de confiance avec les enfants ; instinctivement, j'ai su leur parler, les intéresser, les considérer en tant que personnes. J'ai adoré les échanges avec eux et même avec les petits dès 3 ans, qui ont aussi besoin d'aide pour s'habiller et se déshabiller.

J'ai donc cherché les métiers qui permettaient de travailler avec les enfants et j'ai choisi auxiliaire de puériculture parce que ce sont les études les plus courtes et que je ne voulais pas retourner suivre de longues études.

Bien sûr, je me suis renseigné sur la formation et les débouchés, et j'ai rencontré des professionnels. Je sais que c'est un métier qui comporte un volet paramédical et que je vais devoir faire des stages à l'hôpital et prendre en charge des enfants malades mais, au contraire, ça a renforcé ma détermination. Je sais aussi ce n'est pas simple pour un garçon, qu'il va falloir que je fasse mes preuves notamment si je veux travailler dans une structure d'accueil mais, si le sport m'a apporté quelque chose, au-delà de la rigueur et de l'esprit d'équipe, c'est bien la volonté et le désir d'aller jusqu'au bout !

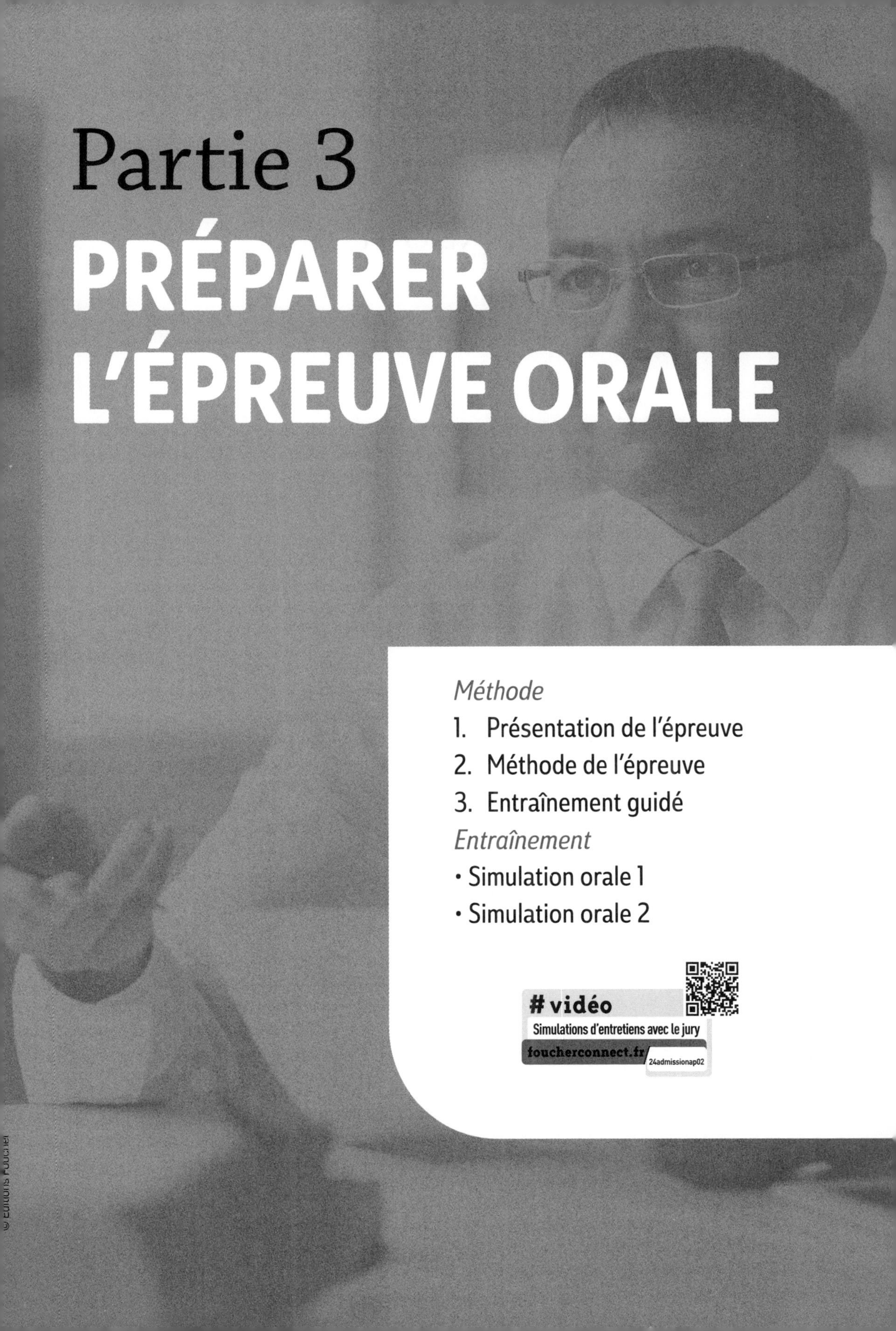

Partie 3
PRÉPARER L'ÉPREUVE ORALE

Méthode

1. Présentation de l'épreuve
2. Méthode de l'épreuve
3. Entraînement guidé

Entraînement

• Simulation orale 1
• Simulation orale 2

 # vidéo
Simulations d'entretiens avec le jury
foucherconnect.fr/24admissionap02

1 PRÉSENTATION DE L'ÉPREUVE

Pour devenir auxiliaire de puériculture, il faut savoir conjuguer des aptitudes relationnelles (empathie, autonomie, maîtrise de soi, faculté d'adaptation, sens des responsabilités, capacité à travailler en équipe, tolérance...) et des capacités techniques (rigueur, minutie, patience...). L'entretien est l'occasion pour le jury de repérer ces différents atouts à travers votre présentation : vous devez bien vous y préparer.

1 Les objectifs de l'épreuve

Votre présentation, le dossier que vous avez envoyé et vos réponses aux questions doivent permettre au jury de **mesurer vos aptitudes à exercer ce métier et à suivre la formation**. Pendant l'épreuve orale, les membres du jury évaluent :

- vos motivations pour exercer ce métier ;
- la cohérence de votre projet professionnel ;
- la pertinence de votre argumentation ;
- votre capacité d'analyse et de réflexion ;
- votre ouverture d'esprit, votre capacité à vous remettre en question ;
- votre connaissance de la formation dans laquelle vous voulez vous engager ;
- votre aptitude à travailler en équipe ;
- vos connaissances des grands problèmes sanitaires et sociaux.

2 Les modalités de l'épreuve

L'épreuve orale consiste en un **entretien de 15 à 20 minutes** noté sur 20 points et se basant sur :

- la présentation personnelle du candidat, ses motivations et son projet professionnel ;
- les réponses aux questions du jury.

3 Le jury

- Le jury est composé d'un binôme d'évaluateurs : 2 formateurs infirmiers ou cadres de santé de l'IFAP.
- Le jury n'est pas là pour mettre les candidats en difficulté, mais pour déterminer si la personne est réellement motivée pour le métier d'infirmier et si elle sera capable de suivre la formation.

IMPORTANT

Le jury est équitable, chacun de ses membres attribue une note à la fin de l'épreuve, selon les mêmes critères, définis par une grille d'évaluation ; et c'est la moyenne de leurs notes qui donne la note finale.

TÉMOIGNAGE

Paroles de candidat

Gwendoline, 19 ans

Le matin, j'avais mon oral : le jury s'est présenté (une formatrice de l'IFAP et un infirmier de l'hôpital). Ils m'ont demandé de me présenter et de présenter mon parcours. Ils m'ont ensuite posé des questions et m'ont demandé de donner 2 sujets d'actualité autres que le Covid, sans les développer (juste les citer). J'avais peur de ne répondre qu'à l'infirmier, car la formatrice ne posait pas de questions.

4 Les critères d'évaluation

L'épreuve orale est destinée à tester les connaissances et la motivation du candidat mais aussi à vérifier si ses aptitudes concordent avec les exigences de la formation et de la profession. Pour cela, chaque membre du jury dispose d'une grille d'évaluation qui lui permet de noter les critères observés lors de l'épreuve. Le jury veut être convaincu du bien-fondé de chaque candidature.

A| Évaluer des qualités, un potentiel

- La liste des critères sur laquelle s'appuient les membres du jury pour noter un candidat peut être très longue : rapidité de compréhension, capacité d'écoute, sens de l'analyse, de la synthèse, capacité d'ouverture sur le monde, connaissance du métier, solidité du projet professionnel, capacité d'adaptation et de réussite aux études, etc.

- Néanmoins, le jury veut avant tout dépister et décourager les candidats qui se seraient « fourvoyés » dans une orientation qui ne leur correspondrait pas.

Exemple

Quelques critères d'évaluation

Chaque IFAP ou chaque regroupement d'IFAP élabore une grille d'évaluation avant le début des épreuves orales afin que chaque candidat soit évalué selon les mêmes critères. Voici quelques critères à partir desquels les membres du jury peuvent élaborer leur grille d'évaluation :

Savoir se présenter	- Avoir une tenue et une posture adaptées à la situation - Être attentif à l'autre - Respecter le jury - Gérer son stress
Faire preuve de capacités à suivre la formation	- Avoir des capacités intellectuelles - Être capable d'analyse - Être capable de synthèse - Être capable d'argumentation - Avoir un raisonnement logique, structuré, organisé - Avoir une expression verbale adaptée à l'entretien - Avoir un vocabulaire précis, cohérent, pertinent, relatif au thème sanitaire et social
Être capable d'entrer en relation	- Écouter - Reformuler - Tenir compte des propos des autres - Échanger avec le jury - Se positionner - Ne pas émettre de jugements de valeurs
Exprimer ses motivations	- S'impliquer et parler à la première personne « je » - Nommer effectivement ses motivations à vouloir réaliser cette formation - Être capable de questionnement
Exprimer son projet professionnel	- Connaître les caractéristiques de la profession : orientation, missions, avantages, inconvénients - Connaître les exigences, le déroulement de la formation - Avoir le sens des responsabilités
Manifester des capacités d'évolution	- Identifier ses contraintes, ressources et limites - Être capable de réflexion sur soi, de se remettre en question - Avoir une ouverture d'esprit - Être réaliste dans ses propos - Être capable de se projeter

B | Exemple de grille d'évaluation

Une fois la liste des critères établie, les membres du jury élaborent une grille d'évaluation commune et attribuent une notation pour chaque élément à évaluer. Ainsi, après le départ de chaque candidat, le jury met en commun ses observations et rédige une appréciation sur cette grille, fil conducteur de l'entretien.

Éléments à évaluer		Points
Qualités argumentatives	- Raisonnement - Construction des idées - Adaptation à la situation - Projet construit	/5
Personnalité	- Authenticité - Participation active à l'entretien - Sens de l'initiative - Prise d'initiatives	/5
Écoute et ouverture	- Écoute active - Activités extrascolaires - Intérêt porté aux autres - Perceptions réalistes de la profession - S'engage dans ses opinions - Argumente d'une manière volontaire	/5
Comportement et expression	- Bonne gestion de l'émotivité - Présentation correcte et agréable - S'exprime clairement	/5
Total		/20

5 Les 2 temps de l'épreuve

- La première partie de l'entretien repose sur votre **présentation**. Le jury vérifie la pertinence de votre projet professionnel, l'authenticité de vos motivations et s'assure également que vous avez fait preuve de curiosité en vous intéressant à la formation pour laquelle vous postulez et si vous en connaissez les principaux éléments.
- La deuxième partie de l'entretien est basée sur les questions avec lesquelles le jury revient sur des informations que vous lui avez données. Il vérifie par des questions diverses et variées que votre profil correspond bien à la présentation que vous lui avez faite : un discours appris par cœur et stéréotypé ne le convaincra pas.

2 MÉTHODE DE L'ÉPREUVE

1 La présentation personnelle

A| La présentation

Elle reprend les éléments que vous avez notés dans votre dossier :

- **1.** nom, prénom, âge, situation familiale ;
- **2.** situation professionnelle actuelle ;
- **3.** parcours chronologique (du plus ancien au plus récent) scolaire et/ou professionnel, activités bénévoles éventuelles sans omettre le lien entre les compétences acquises et le métier choisi ;
- **4.** activités de sports et/ou loisirs ;
- **5.** qualités et points faibles ;
- **6.** motivations à tenter cette sélection ;
- **7.** projet professionnel.

B| Entraînez-vous !

- Une fois que tous les éléments sont écrits, entraînez-vous à lire votre présentation à voix haute, devant un miroir. Chronométrez-vous afin de respecter le temps imparti le jour de l'épreuve : **5 minutes est un temps idéal**.
- Ensuite, réécrivez-la en ne notant que les grandes lignes ou les mots-clés sous forme de liste et entraînez-vous encore, toujours à voix haute, jusqu'à la connaître parfaitement sans avoir besoin de vos notes.

ATTENTION
Ne récitez pas votre texte, ce n'est pas le but ! Il faut juste que vous sachiez maîtriser les grandes lignes de votre présentation.

- Vous pouvez également vous enregistrer pour entendre le rythme et le ton de votre voix et réajuster si besoin.

CONSEIL
Adoptez la bonne attitude : l'attitude générale démontre aussi la motivation et le jury y est sensible. Le sourire, le regard qui pétille, l'énergie qui se dégage sont autant de signes qui montrent l'enthousiasme. Les gestes et la communication non verbale ont un rôle fondamental dans la démonstration de la motivation.

C | Mettez-vous en situation

- Afin de vous habituer à l'atmosphère qui règnera le jour de l'épreuve, il est indispensable de vous entraîner avec un jury fictif. Demandez à 2 ou 3 personnes de votre entourage (ou d'autres candidats) de jouer le rôle du jury. Ces personnes doivent être suffisamment neutres et objectives pour évaluer votre présentation (que ce soit positif ou négatif) et ainsi vous aider à l'améliorer, notamment sur les points suivants :
  - discours cohérent, clair, compréhensible ;
  - expression des motivations ;
  - projet bien défini ;
  - mise en avant de votre personnalité à travers votre présentation ;
  - vocabulaire adapté...
- Si besoin, vous pouvez leur proposer la grille d'évaluation fournie en exemple. Exigez qu'elles soient sincères et comprennent l'enjeu de ce travail. Demandez-leur ensuite de vous interroger sur votre parcours, votre projet ou vos motivations, au moment où elles le souhaitent, quitte à vous interrompre et à vous déstabiliser.
- Réajustez votre présentation en fonction des commentaires et recommencez !

2 La discussion avec le jury

- Après votre présentation, le jury pose les questions qui lui semblent importantes pour affiner l'évaluation de votre candidature.

CONSEIL
Le jury n'est pas là pour vous piéger, mais parfois, le stress peut vous déstabiliser sur certaines questions un peu plus délicates. Dans ce cas, ne tentez pas de l'esquiver, répondez de façon naturelle, sans tricher, restez franc. Toute tentative contraire est en général facilement détectée par les jurys.

- Généralement, les questions vont « creuser » votre personnalité, vos motivations et votre projet professionnel. C'est le moment, si vous avez le sentiment de ne pas avoir été bien compris précédemment, lors de votre présentation, de réajuster ou de repréciser vos propos.

A| Vos compétences

La compétence renvoie à un savoir-faire particulier (les compétences techniques, par exemple). Ce sont celles que vous avez déterminées quand vous avez décrit votre parcours professionnel.

B| Vos valeurs

- Les valeurs sont des références pour l'action humaine. Elles sont subjectives et varient selon les différentes cultures et sexes.
- Les valeurs professionnelles du métier d'auxiliaire de puériculture se traduisent tant dans la prestation des soins que dans la relation entre l'auxiliaire de puériculture et la personne soignée.
- Parmi les valeurs généralement reconnues au sein de la profession, il y a notamment :
  - le respect et la dignité de la personne ;
  - l'intégrité ;
  - le bien-être et la sécurité du patient ;
  - la justice et l'équité dans les soins.

Exemple de question du jury

Quelles sont les valeurs que vous défendez ?

C| Vos qualités et vos défauts

- La qualité tient au savoir-être, à la manière d'être. Les qualités et les défauts ont une connotation de jugement, et il vaut mieux parler de traits de caractère, de personnalité. Cependant, les examinateurs posent encore souvent la question en termes de qualités et défauts et il est donc important de les avoir bien préparés.
- Il existe deux personnalités en chacun de nous : celle que nous pensons avoir, sur laquelle nous appuyons notre façon d'être ; et celle que perçoivent les autres, ceux qui nous entoure, ceux avec qui nous vivons et travaillons.

MÉTHODE

- Pour avoir une idée exacte de vous-même, il est important de recueillir les deux points de vue, le vôtre et celui de votre entourage.
- Une fois ce travail effectué, regroupez tous les adjectifs et classez-les en 2 colonnes, une « Qualités » et une « Défauts ». Vous vous apercevrez que certains qualificatifs peuvent à la fois être considérés comme défaut et qualité… Par exemple, « être exigeant » peut être un défaut si cela signifie « être difficile ou tyrannique, sans considération pour l'autre », mais ce peut être une qualité si cela signifie « rigoureux, précis, pugnace ».

- Les 2 colonnes étant faites, regroupez ensuite tous les adjectifs qui se ressemblent pour mettre en évidence les traits de caractère les plus importants et choisissez-en seulement 4 ou 5 pour chaque catégorie. Préférez ceux qui sont le plus en lien avec le métier d'infirmier.
- Choisissez bien ces qualificatifs et évitez ceux qui ont une connotation négative : par exemple, évitez de dire « maniaque » mais dites plutôt « ordonné, précis, organisé, rigoureux » ; ne parlez pas de timidité et de manque de confiance en soi mais plutôt de réserve.

- Ce qui est important, c'est de bien se connaître, de savoir tirer parti de ses défauts et de savoir les présenter. Énoncez vos qualités et défauts mais sans excès, ne choisissez pas des termes que vous ne connaissez pas. Préparez des exemples car le jury peut vous demander de préciser, d'argumenter.

Exemples

- **Quelques exemples de qualités :** sens de l'organisation et de la méthode, souplesse du comportement, fiabilité, affirmation de soi, négociation, fiabilité, sens du travail en équipe, contrôle de soi, autonomie, persévérance, confiance en soi, sens du travail soigné, sens de l'observation, minutie, vigilance, ponctualité, attention…
- **Quelques exemples de défauts :** autoritaire, ambitieux, émotif, exigeant, impatient, impulsif, intransigeant, obstiné, pessimiste, pointilleux, prudent, rigide, secret…
- **Quelques exemples de questions possibles du jury :**
– Êtes-vous sensible, émotif ?
– Quels sont vos points forts ?
– Citez trois de vos principales qualités en lien avec le métier d'auxiliaire de puériculture.
– Quels sont vos défauts ?

TÉMOIGNAGE

Paroles de candidats

Julie, 24 ans, jeune diplômée

« Mes qualités ? Patiente, empathique, sérieuse, organisée. Mes défauts ? Exigeante envers moi-même, émotive. »

Paul, 30 ans, auxilaire de puériculture depuis 5 ans

« Il faut éviter de parler de timidité et de manque de confiance en soi. Réservé est moins fort (une personne timide est vite associée à une personne qui peut perdre ses moyens, se bloquer…) et si tu veux vraiment parler de ton manque de confiance, essaie de moduler : tu y travailles, tu penses que la formation et les stages t'aideront à prendre confiance… »

Carole, 23 ans, auxiliaire de puériculture en crèche

« Mes défauts ? Bavarde car je suis quelqu'un de très sociable. Cependant, je sais faire la part des choses entre le temps de pause et le temps de travail. »

D| Exemples de questions

1| Sur votre présentation

- Quels sont vos loisirs ?
- Pourquoi ne pas avoir tenté le concours en sortant du lycée ?
- Quel élément a déclenché votre reconversion ?

2| Sur le métier

- Quelles sont les missions d'un AP ?
- Quelles sont les compétences requises pour être AP ?
- Qu'est-ce qui vous plaît dans ce métier ? En connaissez-vous les contraintes ?
- Quel est le rôle de l'AP et dans quel secteur peut-il travailler ?

3| Sur la formation

- Que savez-vous sur la formation, qu'est-ce qu'un module, quel est son contenu ?
- Pourquoi avez-vous choisi notre IFAP ?
- Comment allez-vous financer vos études ?
- Comment la formation est-elle validée ?
- Qu'avez-vous prévu de faire si vous n'êtes pas retenu dans notre IFAP ?

4| Sur votre projet

- Comment pensez-vous concilier vie personnelle et vie professionnelle ?
- Puisque vous dites vouloir aider et soigner les enfants, pourquoi ne pas avoir choisi le métier d'infirmier ?
- Avez-vous présenté plusieurs sélections et si oui quels vont être vos critères de sélection si vous êtes admis dans plusieurs IFAP ?
- Quel est l'événement qui pourrait remettre en cause votre projet ?
- Dans quel secteur avez-vous envie de travailler ?

5| Sur vos motivations

- Pourquoi auxiliaire de puériculture et pas puéricultrice ou éducatrice de jeunes enfants ?
- Pour quelles raisons avez-vous décidé de devenir auxiliaire de puériculture ?
- Qu'allez-vous apporter à cette profession, aux enfants ?
- Comment avez-vous préparé cet entretien ?
- Travailler avec des enfants handicapés vous fait-il peur ?
- Vous avez des enfants, comment allez-vous vous organiser, qui s'occupera d'eux quand vous ne pourrez pas ?

6 | Sur votre personnalité

- Quelles sont les valeurs que vous défendez ?
- Êtes-vous sensible, émotif ?
- Quels sont vos points forts ?
- Citez-moi trois de vos principales qualités en lien avec le métier d'auxiliaire de puériculture ?
- Êtes-vous fait pour travailler en équipe ?

7 | Autres questions plus générales

- Dans votre groupe d'amis, quel rôle avez-vous ?
- Qu'est-ce qui vous a intéressé dernièrement dans l'actualité ?
- Quel genre de journaux lisez-vous ?
- Qu'est-ce-que vous aimez dans la vie ?
- Qu'en pense votre entourage ?

3 La dernière question

Cette question est l'occasion de rectifier le tir pour un entretien qui ne se serait pas très bien déroulé. Si l'entretien n'a pas développé un aspect dont vous souhaitiez parler, c'est le moment !

- Avez-vous quelque chose à ajouter à la fin de cet entretien ?
- Avez-vous des questions à nous poser ou quelque chose à ajouter ?
- Avant de nous quitter, expliquez-nous en une seule phrase pourquoi nous devrions vous intégrer à notre IFAP ?

CONSEIL
Évitez les : « parce que je suis le meilleur…, parce que vous ne pouvez pas passer à côté de ma candidature… »

Si vous avez le sentiment que l'entretien s'est bien déroulé, ne cherchez pas à en rajouter, réfléchissez quelques secondes pour vérifier que vous avez bien parlé de tous les faits que vous considérez comme importants.

Ensuite, souriez. Remerciez.

Attendez qu'on vous libère.

Dites au revoir. Et sortez tranquillement…

ATTENTION
Dans le couloir, le jury peut encore vous entendre : pas d'exclamation, ni cri devant la porte !

TÉMOIGNAGE

Francis, formateur en IFAP

Les jurys constatent toujours qu'un bon nombre de candidats paraissent trop artificiellement préparés pour un entretien alors que nous attachons beaucoup d'importance à la sincérité, à l'authenticité, à la spontanéité et à une certaine fluidité dans l'échange. Des discours préparés à l'avance, des affirmations exagérées quant à ses propres capacités, une « promotion » de soi trop proche d'une action publicitaire, viennent toujours nuire à la qualité de l'échange.

Le jury apprécie les candidats qui font preuve d'ouverture et de curiosité, qui ont appris à réfléchir sur leurs expériences vécues dans un cadre scolaire, familial, associatif, sportif ou culturel, et qui se montrent capables de mobiliser de l'énergie afin de poursuivre et réaliser leur objectif.

Il est important qu'un réel dialogue s'établisse afin que le jury soit en mesure d'estimer les potentialités des candidats à s'intégrer, à participer et à s'épanouir dans l'institut.

vidéo

Simulations d'entretiens avec le jury

foucherconnect.fr/24admissionap02

3 ENTRAÎNEMENT GUIDÉ

1 Se préparer à l'entretien

Le principe même d'un oral est d'être en face à face avec le jury. Vous allez donc vous retrouver devant 2 personnes qui vont évaluer votre prestation. Autant mettre toutes les chances de votre côté et donner au jury la meilleure image de vous-même.

A| Savoir-être et positionnement

Le discours sera d'autant mieux perçu s'il est vivant et expressif. À travers vos mots et votre attitude, vous montrez votre personnalité, tout en restant courtois et disponible. Le jury doit ressentir que vous êtes ouvert au dialogue et aux questions.

1| L'attitude

- Dans le terme « attitude », il faut comprendre votre comportement pendant l'épreuve. Tout d'abord, vous devez sourire ! Cette attitude rend mentalement positif et permet d'être plus communicatif.

CONSEILS

Lors de l'épreuve orale, il est indispensable que vous fassiez preuve d'une certaine humilité : vous ne connaissez pas tout et n'oubliez pas que c'est pour cette raison que vous souhaitez intégrer une formation de 2 années. Même si vous estimez être bien préparé à cette épreuve, vous ne devez pas surestimer vos capacités au risque de paraître arrogant et suffisant.

À NE PAS FAIRE !

Certains comportements doivent être évités à tout prix :
- la familiarité : ne cherchez pas la complicité avec le jury (pas de clin d'œil par exemple…) ;
- l'humour : même si le jury plaisante à propos de ce que vous venez de dire, ne surenchérissez pas ;
- la négativité : ne partez pas perdant !

- Si l'entretien ne se déroule pas comme vous le souhaitiez, maîtrisez tout de même les réactions négatives qui pourraient vous desservir :
  - ne soyez pas terne, passif, désabusé ;
  - ne vous montrez pas arrogant, ironique, ni agressif.

2 | La posture

- Elle désigne la position du corps, la façon dont vous vous tenez face au jury.
- La plupart du temps, vous êtes assis sur une chaise, face aux membres du jury et devant une table. Si c'est le cas, il convient de poser vos mains et vos bras sur la table, cela favorise une posture coopérative pour l'échange avec le jury.

MÉTHODE

Si vous n'avez pas de table, vous devrez vous asseoir au milieu de la chaise, dos droit :
- pas trop au bord, cela pourrait laisser croire que vous avez peur et que vous n'attendez qu'une chose : partir !
- pas trop au fond ou trop avachi pour ne pas donner une image de nonchalance, de « décontraction ». Bien entendu, les bras ballants, le pied posé sur un genou ou les jambes écartées sont à proscrire ;
- ne gigotez pas (surtout si vous avez une chaise tournante), ne tripotez pas votre stylo et n'agitez pas les mains dans tous les sens. Cela ne signifie pas non plus que vous devez rester figé ;
- ne croisez pas les bras : en langage du corps, cela dénote une attitude fermée aux autres.

En résumé, soyez calme, respirez et maîtrisez votre corps.

3 | La tenue

- La présentation vestimentaire est très importante : il est préférable de choisir une tenue soignée, confortable dans laquelle on est à l'aise, ni trop sophistiquée, ni trop décontractée. Vous devez vous sentir vous-même.
- Une hygiène corporelle irréprochable (ongles courts, nets, sans vernis) et une coiffure simple (cheveux propres et disciplinés) sont indispensables.
- Si vous mettez un parfum, choisissez-le léger, surtout ni capiteux, ni entêtant.

ATTENTION

Les piercings et autres multiples boucles d'oreilles ne renvoient pas à l'image que l'on se fait généralement d'un futur professionnel de la santé. Évitez les bijoux voyants, les bagues à chaque doigt et les bracelets qui risquent de tinter ou de heurter la table à chaque mouvement.

CONSEILS

Si vous voulez inspirer confiance
- redressez-vous sur votre siège ;
- tenez votre tête bien droite ;
- respirez tranquillement ;
- ayez une tenue irréprochable

et surtout… souriez !

B| Les modes d'expression

1| La communication verbale

- C'est la capacité à s'exprimer de manière claire et cohérente. Il faut que le jury puisse suivre facilement votre discours :
  - faites des phrases courtes, structurées, argumentées. Donnez des exemples pour appuyer vos propos ;
  - articulez, variez le vocabulaire qui doit être précis et adapté : pas de langage parlé, ni de familiarité ;
  - répondez aux questions de manière réfléchie, sans naïveté ; construisez vos phrases ;
  - faites des pauses. Utilisées au bon moment, elles permettent au jury d'assimiler ce qu'il entend, elles mettent en valeur ce que vous dites.

À NE PAS FAIRE !

Évitez les longues hésitations, les « euh... » entre chaque mot comme si vous ne saviez pas organiser vos pensées, les tics de langage, les mots parasites du type : « quoi ! hein ? Donc... vous comprenez ?... vous me suivez ?... » à chaque fin de phrase. Le jury risque d'être déconcentré et de se focaliser sur ces éléments qui brouillent le discours.

- Votre voix doit être posée, audible, ni trop forte, ni trop basse tout en étant tonique. Le dynamisme doit transparaître dans votre voix.
- Le débit de parole doit être équilibré : ni trop rapide (le jury risque de ne pas comprendre), ni trop lent (le jury risque de se lasser).

2| La communication non verbale

C'est la plus difficile à contrôler car il y a une grande part d'inconscient mais c'est aussi celle qui a le plus d'importance. Elle renforce et crédibilise le message verbal comme elle peut aussi le discréditer si elle est inadaptée.

a. Le regard

Il doit être franc et direct. Adressez-vous à l'ensemble du jury, regardez chacun des membres tour à tour, et pas seulement la personne qui vous a posé la question.

TÉMOIGNAGE

Franck, formateur en IFAP et juré de concours

Il m'est arrivé d'avoir une image négative d'un candidat ayant semblé s'adresser à autre membre du jury et donnant l'impression de m'ignorer. Même si ce qu'il disait était pertinent et réfléchi ; j'ai eu le sentiment d'être invisible (de ne pas compter) et cela m'a fortement contrarié.

b. Les gestes

Attention aux gestes parasites qui peuvent dénoter un manque de confiance en soi : se frotter les mains, ramener une mèche de cheveux, mordiller ses lèvres...

c. Les expressions du visage

N'hésitez pas à sourire, même si le jury n'y répond pas. Contrôlez les mouvements de la tête, les mimiques (désapprobation, froncement de sourcils, moue...).

3 | L'écoute

Une communication efficace repose sur des interlocuteurs qui s'écoutent. Soyez attentif aux questions du jury et à leurs remarques. N'hésitez pas à faire répéter la question ou reformulez-la pour être sûr de l'avoir bien comprise. Ne coupez pas la parole, même si vous anticipez la fin de la question qui vous est posée.

C | La gestion du stress

- Les membres du jury rencontrent des dizaines de candidats et sont donc habitués au stress que peut engendrer l'épreuve orale.

ATTENTION
Le jury est généralement bienveillant à l'égard des candidats et fait en sorte d'instaurer un climat favorable à l'échange. Cependant, chaque jury a ses propres méthodes dont certaines visent parfois à déstabiliser le candidat. Si c'est le cas, il ne faut surtout pas perdre ses moyens ! Adopter une telle attitude a tout simplement pour but de vérifier votre réactivité et votre capacité à vous reconcentrer.

- Si le jury vous interrompt pour vous poser des questions, ne soyez pas désarçonné. Cela ne signifie pas forcément que vous vous êtes trompé. Ces interruptions ne doivent pas vous faire perdre vos moyens. Si toutefois vous « perdez le fil », dites-le et reprenez votre discours ou bien passez à l'idée suivante.
- Ne vous mettez pas la pression inutilement : ayez confiance en vous et en vos capacités. L'entretien avec le jury n'a pas pour objectif de vous juger en tant que personne mais d'évaluer votre potentiel en tant que futur professionnel.
- Si vous échouez, cela ne veut pas dire que vous ne serez jamais infirmier. Il faudra réessayer, mieux se préparer et surtout réfléchir aux points à améliorer.

TÉMOIGNAGE

Coralie, 23 ans, en formation à l'IFAP

« J'ai eu de très bons résultats à l'épreuve orale lorsque j'ai tenté le concours pour la deuxième fois. Lors de cet entretien, je n'en savais pas plus que la 1re fois. Je pense que, cette fois-ci, ce qui a joué était la détermination que j'ai su montrer et qui avait été complètement masquée la première fois par mon angoisse et mon stress ! »

MÉTHODE

- Soyez attentif aux signes du stress qui vous gagne : transpiration excessive, plaques rouges, torsion des doigts, difficulté à déglutir, bouche sèche, mains moites. La meilleure façon de le prévenir est d'identifier les facteurs qui peuvent l'augmenter et surtout ce qui peut vous aider à le surmonter.
- Respirez et faites des pauses pour vous reconcentrer, jusqu'à ce que la pression retombe. Parfois, la visualisation d'une image mentale positive peut être bénéfique pour reprendre le contrôle de ses émotions.
- Prévoyez des mouchoirs pour vous essuyer les mains ou une petite bouteille d'eau en cas de besoin. Vous pouvez également prévenir le jury ; parfois, le fait de verbaliser ses craintes aide à en atténuer les effets.

D | Conseils pratiques pour le jour J

Les jours précédant l'épreuve

- Repérez les lieux 1 ou 2 jours avant l'oral pour ne pas être pris au dépourvu : le trajet, les possibilités pour se garer, les arrêts de bus, le temps de marche.
- Dormez suffisamment.

La veille au soir

- Préparez vos affaires (convocation, pièce d'identité, stylos...).
- Prévoyez une petite bouteille d'eau, une barre de céréales, des mouchoirs si besoin.
- Détendez-vous et couchez-vous de bonne heure.

Le jour de l'épreuve

- Prenez un petit-déjeuner, même léger, mais ne partez pas le ventre vide : vous allez avoir besoin de beaucoup d'énergie !
- Soyez ponctuel (anticipez d'éventuels problèmes dans les transports ou embouteillages). Ne prenez pas le risque d'arriver essoufflé et en nage. Inutile non plus d'être trop en avance : si vous arrivez trop tôt, l'attente fera monter la pression.
- Ne regardez pas votre dossier ni votre présentation : faites-vous confiance, vous avez suffisamment travaillé.
- Ne fumez pas juste avant d'entrer : ce serait dommage de donner comme première impression de vous-même une forte odeur de cigarette.
- Éteignez votre portable ; vous risquez ensuite d'oublier de le faire.
- Ayez une attitude adaptée dès que vous franchissez la porte de l'établissement, vous ne savez pas qui vous pouvez croiser.

Au moment de rentrer dans la salle du jury

- Si vous avez un chewing-gum, jetez-le.
- Respirez profondément par le ventre.
- Si vous avez tendance à « jouer » avec votre stylo, ne le prenez pas à la main.

- Souriez, dites « bonjour » en regardant l'ensemble des membres du jury et attendez que l'on vous invite à vous asseoir. Si on ne vous dit rien, demandez poliment l'autorisation de le faire.

» **Pendant l'épreuve**

- S'il y a une table, posez vos mains dessus (cela vous aidera).
- Regardez les examinateurs tour à tour.
- Si vous sentez que le jury ne vous comprend pas ou ne semble pas approuver ce que vous dites, ne vous troublez pas, reformulez, réajustez.
- Gérez votre énergie, le jury doit ressentir votre motivation, votre dynamisme.
- Respirez et faites des pauses pour vous reconcentrer.

» **À la fin de l'épreuve**

Remerciez le jury et dites au revoir.

2 La présentation

On vous appelle (vous êtes en train d'attendre dans le couloir) ou on vient vous chercher dans la salle.

Vous rentrez, dites bonjour, attendez que l'on vous prie de vous asseoir et de commencer.

A| Exemple de présentation

Bonjour, je m'appelle Luc V., j'ai 25 ans et je me présente pour la première fois.

Après un bac littéraire, je suis entré en fac de psycho mais au cours de la deuxième année, j'ai dû arrêter la fac et chercher un travail. Je n'ai jamais pu valider la licence.

[Le candidat ne s'étend pas sur l'interruption de ses études, ce n'est pas nécessaire. Si jamais le jury veut le savoir, la question lui sera posée à la fin.]

J'ai cherché un travail et j'ai été embauché il y a 4 ans dans une crèche associative. J'ai travaillé d'abord au ménage puis petit à petit j'ai pu aider auprès des enfants. Et c'est là que j'ai découvert le métier d'auxiliaire de puériculture. Ce métier m'a tout de suite plu, j'y ai appris l'importance du travail en équipe, d'avoir de la patience, de la tolérance, d'être à l'écoute et bien sûr l'importance de la rigueur dans les protocoles d'hygiène et de soins.

[Le candidat démontre au jury sa connaissance des règles d'hygiène et l'importance du travail en équipe.]

J'ai questionné tous les professionnels que j'ai rencontrés sur le contenu des études et depuis 2 ans, je pense à tenter le concours d'entrée mais je ne me sentais pas prêt.

J'avais besoin d'acquérir de l'expérience et de la confiance en moi. Aujourd'hui, je suis prêt.

[Il prouve aussi que son projet est réfléchi et qu'il a attendu d'être prêt.]

B| Questions du jury

Maintenant, le jury va poser des questions pour pouvoir affiner son évaluation sur votre candidature.

Jury : Comment allez-vous financer votre formation ?

Candidat : J'ai profité de ces années de travail pour mettre de l'argent de côté et mes parents sont d'accord pour m'aider si cela ne suffit pas mais la formation est courte normalement je devrais m'en sortir sur une année.

[Le jury veut savoir si votre projet est structuré, si vous pourrez assumer le coût des études et le fait de ne pas avoir de revenu pendant une année.]

Jury : Quelles sont les activités quotidiennes d'un auxiliaire de puériculture ?

Candidat : Son rôle est de suivre chaque enfant dans les moments de la vie quotidienne : activités ludiques, prises de repas, soins... Pour mieux les accompagner, dans notre structure, l'auxiliaire travaille avec un groupe de référence. Cela lui permet de connaître les enfants et leurs parents et de leur fournir des repères.

[Le candidat prouve sa connaissance du métier dans le milieu de la petite enfance.]

Jury : Quelles sont, pour vous, les qualités nécessaires pour exercer votre profession ?

Candidat : Il faut avant tout avoir de la patience ! Mais il est aussi essentiel d'être organisé, bienveillant, il faut savoir être à l'écoute, savoir observer et être capable de travailler en équipe.

[De même qu'à la question précédente, il a réfléchi aux qualités exigées par ce métier.]

Jury : Quels sont les avantages et les inconvénients du métier ?

Candidat : C'est un travail très enrichissant et passionnant car suivre des enfants pendant presque 3 ans pour certains est une véritable satisfaction personnelle. C'est vraiment valorisant de voir la progression de chacun et de constater la satisfaction des parents. Il est également intéressant d'étudier la psychologie de l'enfant sur le terrain. Cependant, il n'est pas facile de s'adapter constamment pour éviter la routine, la relation avec les parents qui sont parfois inquiets n'est pas toujours évidente et à l'hôpital il faut apprendre à affronter la douleur, la maladie et la mort.

[Le jury insiste pour être sûr que le projet soit vraiment réfléchi. Il apparaît là que le candidat a su prendre en compte tous les aspects de ce métier.]

Simulation orale 1

LA PRÉSENTATION DE LA CANDIDATE

Jury : Bonjour Madame, veuillez vous asseoir. Nous sommes Mme… et Mme…

Nous allons vous demander de vous présenter. Ensuite, nous vous poserons quelques questions complémentaires. L'entretien va durer 15 à 20 minutes, êtes-vous prête ?

Alors, nous vous écoutons.

Candidate : Bonjour, je m'appelle Joëlle R., j'ai 48 ans, 3 enfants qui ont entre 15 et 20 ans et je suis assistante dentaire depuis 19 ans chez le même praticien. J'ai toujours voulu travailler avec les enfants mais à l'époque, j'ai été mal orientée et me suis retrouvée en BEP sanitaire et social. Je l'ai réussi mais ensuite, je n'ai pas pu travailler en petite enfance car le BEP ne le permettait pas : il fallait le diplôme d'auxiliaire de puériculture. Ne pouvant reprendre des études sans rémunération, j'ai trouvé un emploi dans un cabinet dentaire. J'ai passé mon examen avec les cours du soir et je me suis investie dans ce métier que j'ai beaucoup aimé.

Aujourd'hui, mes enfants sont pratiquement autonomes et j'ai envie de penser à moi. Financièrement, je peux assumer une année de formation. Je tente donc ma chance d'intégrer ces études et de faire un métier auquel je n'ai jamais renoncé.

LES QUESTIONS DU JURY

Jury : Merci, nous allons maintenant vous poser quelques questions qui vont nous permettre de préciser votre profil. Que pensez-vous avoir développé comme qualités nécessaires à ce métier ?

Candidate : Durant toutes ces années, j'ai pu développer un sens relationnel important, je sais rassurer les patients qui appréhendent beaucoup le fauteuil. Mon métier exige de la rigueur, je maîtrise parfaitement la notion d'hygiène et d'asepsie et je connais l'importance du travail en équipe.

Jury : Justement alors, qu'est-ce que le travail en équipe pour vous ?

Candidate : Quel que soit le milieu, hospitalier ou en établissement d'accueil, il y a des professionnels de formations différentes qui travaillent ensemble et qui sont complémentaires (puéricultrices, médecins, agents d'entretien, éducateurs, auxiliaires…). Il faut que chacun respecte le travail de l'autre, partage les mêmes valeurs. Il faut de l'écoute et du soutien. Chacun, à son niveau, apporte sa compétence pour aider l'enfant et sa famille.

Jury : Qu'attendez-vous de la formation ?

Candidate : Beaucoup ! J'ai hâte d'assister au cours sur le développement psychomoteur de l'enfant, d'apprendre les soins techniques, les cours sur la psychologie… bref, tout m'intéresse. Je sais que je suis faite pour ce métier mais j'ai besoin d'acquérir toutes les connaissances nécessaires pour être une bonne professionnelle.

Jury : Vous serez confrontée à des situations de souffrance et de maladie, pensez-vous pouvoir le supporter ?

Candidate : Dans mon métier, il y a souvent des enfants et même si ce n'est pas pareil, je pense que le réconfort et l'aide que je leur apporte me seront utiles dans mon futur métier. Le fait de jamais nier leur douleur ou leur peur et de toujours leur expliquer les gestes qui vont être effectués est très important pour moi.

Jury : Que savez-vous de la réforme du diplôme ?

Candidate : C'est un métier qui vient d'être revalorisé pour élargir les compétences de l'auxiliaire de puériculture. Il y a certains soins autorisés mais l'auxiliaire reste toujours sous la responsabilité de l'infirmière. Les études aussi ont été réorganisées.

Jury : Très bien, nous vous remercions. Au revoir Madame.

L'AVIS DU JURY

Cette candidate semble très motivée. Sa présentation est très claire et elle possède de nombreux atouts pour intégrer la formation. Sa maturité pourrait être un atout pour la promotion. Elle semble très dynamique et ouverte aux autres. Son profil est excellent.

Grille d'évaluation

Éléments à évaluer	Points
Argumentation	7/7,5
Motivations et valeurs	2/2
Aptitudes à suivre la formation	1,5/1,5
Projet professionnel	1,5/1,5
Capacités relationnelles	7/7,5
TOTAL	19/20

Simulation orale 2

LA PRÉSENTATION DE LA CANDIDATE

Jury : Bonjour Madame, veuillez vous asseoir. Nous sommes Mme ... et Mme ... Nous allons vous demander de vous présenter ; ensuite nous vous poserons des questions complémentaires. L'entretien va durer 15 à 20 minutes, êtes-vous prête ? Alors, nous vous écoutons.

Candidate : Bonjour, je m'appelle Lucie H., j'ai 19 ans et je présente ce concours pour la deuxième fois. J'ai toujours voulu travailler avec les enfants et, depuis l'âge de 16 ans, je fais du baby-sitting le soir et les week-ends.

Après mon bac, l'an dernier, j'ai tenté le concours mais je n'ai pas été prise à l'oral. J'ai donc choisi de travailler un an et de le retenter cette année.

LES QUESTIONS DU JURY

Jury : Merci, nous allons maintenant vous poser quelques questions qui vont nous permettre de préciser votre profil. Vous nous avez dit avoir travaillé un an, qu'avez-vous fait ?

Candidate : J'ai eu la chance d'être prise comme vendeuse dans une boutique de vêtements pour enfants, ce qui m'a donné l'occasion de mettre de l'argent de côté et en même temps d'aider et de conseiller les parents. J'ai pris conscience de la diversité des parents. Certains sont très assurés mais d'autres ont l'air perdu, on dirait qu'ils n'osent pas dire non à leur enfant et parfois les essayages durent des heures !

Jury : Qu'attendez-vous de la formation ?

Candidate : Beaucoup ! J'ai hâte d'avoir les cours sur le développement psychomoteur de l'enfant, d'apprendre les soins techniques, toute la psychologie, en fait, tout m'intéresse. Je sais que je suis faite pour ce métier mais j'ai besoin d'acquérir toutes les connaissances nécessaires pour être une bonne professionnelle.

Jury : Qu'est-ce que le travail en équipe ?

Candidate : Quel que soit le milieu, hospitalier ou établissement d'accueil, il y a des professionnels de formations différentes qui travaillent ensemble et qui sont complémentaires (puériculteurs, médecins, agents d'entretien, éducateurs, auxiliaires...). Il faut donc que chacun respecte le travail de l'autre, partage les mêmes valeurs. Il faut de l'écoute et du soutien. Chacun, à son niveau, apporte sa compétence pour aider l'enfant et sa famille.

Jury : Comment vous voyez-vous dans 10 ans ?

Candidate : Déjà, je me vois auxiliaire de puériculture ! Je travaillerai dans le secteur hospitalier, j'aurai une expérience en médecine et en chirurgie et je serai toujours passionnée par mon métier. Et peut-être, pourquoi pas, je me renseignerai sur le métier d'infirmière.

Jury : Très bien, nous vous remercions. Au revoir, Madame.

L'AVIS DU JURY

Cette candidate semble très motivée. Sa présentation est très succincte mais elle réussit à prouver une certaine maturité. Elle semble très dynamique et ouverte aux autres. Son profil est intéressant.

Grille d'évaluation

Éléments à évaluer	Points
Argumentation	6/7,5
Motivations et valeurs	1,5/2
Aptitudes à suivre la formation	1/1,5
Projet professionnel	1/1,5
Capacités relationnelles	7/7,5
TOTAL	16,5/20

épreuve orale
Simulation complémentaire
foucherconnect.fr/24admissionap05

vidéo
Simulations d'entretiens avec le jury
foucherconnect.fr/24admissionap02

Partie 4
LES CONNAISSANCES INDISPENSABLES

Fiche 1. La politique de santé publique
Fiche 2. L'illettrisme
Fiche 3. L'obésité
Fiche 4. Les troubles du comportement alimentaire
Fiche 5. Les troubles du neuro-développement (TND)
Fiche 6. Le handicap chez l'enfant
Fiche 7. Le cancer
Fiche 8. Le suicide chez les jeunes
Fiche 9. Le don d'organes
Fiche 10. Les maladies mentales
Fiche 11. Les accidents domestiques
Fiche 12. L'euthanasie
Fiche 13. Les infections nosocomiales
Fiche 14. L'hygiène et la prévention pendant la grossesse
Fiche 15. La maltraitance
Fiche 16. L'alcoolisme

QCM
QCM interactifs pour s'entraîner
foucherconnect.fr/24admissionap31

FICHE 1 LA POLITIQUE DE SANTÉ PUBLIQUE

L'Organisation mondiale de la santé (OMS), chargée de coordonner l'action sanitaire mondiale, définit en 1946 la santé comme « un état complet de bien-être physique, mental et social qui ne consiste pas seulement en une absence de maladie ou d'infirmité ». Le bien-être, toujours selon l'OMS, peut être considéré comme la satisfaction des besoins et l'accomplissement des capacités physiques, intellectuelles et spirituelles.

Thèmes associés : les vaccinations, l'hygiène de vie, le système de protection sociale.

1 Le droit à la santé

- Il est apparu pour la première fois dans la Déclaration des droits de l'homme et du citoyen de 1789 : « Toute personne a droit à un niveau de vie suffisant pour assurer sa santé, son bien-être et ceux de sa famille. »
- Le droit d'être soigné sans discrimination, quelle que soit sa condition économique et sociale, et de bénéficier d'une vie décente est un droit fondamental qui doit permettre l'égalité dans l'accès aux soins, aux institutions, à la prévention et à un environnement sain.

2 La santé publique

A| Définition

Elle représente tous les aspects de la santé d'une population, au niveau préventif, curatif et éducatif et dépend de différents facteurs sociaux et politiques : conditions de vie, influences culturelles, caractéristiques de l'environnement.

B | Objectifs curatif, préventif et éducatif

- Fournir à toute la population, quelles que soient ses caractéristiques culturelles, sociales, économiques ou géographiques, tous les services de santé qu'elle requiert.
- S'assurer que ces services sont de la meilleure qualité possible.
- Utiliser au mieux les ressources disponibles, satisfaire la population et les professionnels, tout en étant capable d'évoluer en fonction des besoins de santé et des techniques.

3 La politique de santé publique

Elle comprend les mesures, les textes, l'ensemble des moyens tant humains que budgétaires, mis en œuvre par l'État pour diminuer la morbidité, protéger les individus, maintenir et améliorer la qualité de vie de la population et réduire les conséquences des maladies sur le plan fonctionnel et social.

A | La Sécurité sociale

En France, depuis 1945, le système de santé est organisé autour de la Sécurité sociale, sur trois principes fondamentaux : l'égalité d'accès aux soins, la qualité des soins et la solidarité.

B | La loi n° 2004-806 du 9 août 2004

Elle a réformé la politique de santé publique en préservant le caractère universel, obligatoire et solidaire du système : « Soigner mieux en dépensant mieux. »

- **Amélioration de l'offre de soins et maîtrise médicalisée des dépenses de santé.**
- **Une nouvelle gouvernance de l'assurance maladie.**
- **Des mesures relatives à son financement.**

C | La loi HPST (hôpital, patients, santé et territoires) n° 2009-879 du 21 juillet 2009

Elle a réformé en profondeur l'organisation des politiques de santé :

- **Modernisation des établissements de santé** : renforcement du rôle du directeur d'établissement, nouvelle gouvernance des établissements publics de santé, mot d'ordre : coordination ;
- **Accès de tous à des soins de qualité** : accès aux soins de premiers secours, recrutement des internes et des praticiens hospitaliers, coopération entre professionnels de santé, continuité des soins ;

- **Prévention et santé publique** : mise en place de l'éducation thérapeutique du patient (ETP) qui « s'inscrit dans le parcours de soins du patient et a pour objectif de rendre le patient plus autonome en facilitant son adhésion aux traitements prescrits et en améliorant sa qualité de vie », extension des missions des sages-femmes, facilitation de l'accès à la contraception, lutte contre l'alcool, le tabac, prévention de l'obésité...

L'ETP est une priorité nationale, elle s'inscrit dans la prévention des maladies chroniques et des cancers et vise la responsabilisation et l'autonomisation des personnes malades.

- **Organisation territoriale du système de soins** (création des agences régionales de santé (ARS) qui constituent une nouvelle autorité responsable du pilotage du système de santé en région et le projet régional de santé (PRS) qui définit la stratégie de l'ARS et répartit de façon plus égalitaire l'offre de soins).

D| La loi de modernisation du système de santé du 26/01/2016

Elle engage la modernisation du notre système de santé autour de trois orientations :

- **le renforcement de la prévention** : lutter activement contre les conduites addictives (tabagisme, consommation alcool ou drogues) et sanctionner l'incitation aux mineurs ; favoriser les dépistages des maladies sexuellement transmissibles ; améliorer l'information nutritionnelle ; désigner un médecin traitant pour les enfants de 0 à 16 ans pour suivre régulièrement leur état de santé ;
- **la réorganisation autour des soins de proximité à partir du médecin généraliste** : mettre en place le tiers payant chez le médecin ; créer un numéro d'appel national de garde ; élargir la compétence de certaines professions au service des grandes priorités de service public ; relancer le dossier médical partagé (DMP) ;
- **le développement des droits des patients** : créer un droit à l'oubli pour les anciens malades du cancer et d'autres pathologies lourdes ; instaurer l'action de groupe en santé pour permettre aux usagers de se défendre collectivement en cas de préjudice subi ; améliorer l'accès à l'IVG sur l'ensemble du territoire ; accroître la sécurité des médicaments et des dispositifs médicaux ; ouvrir l'accès aux données de santé, dans le respect de la vie privée.

4 Le pilotage et le contrôle du système de santé

A| Le rôle de l'État

1| Le ministère chargé de la Santé

- Il œuvre dans les domaines des affaires sociales, de la solidarité et de la cohésion sociale, de la santé publique et de la protection sociale.
- Il définit les politiques de santé publique ; est le garant de l'amélioration de l'état sanitaire de la population ; forme et contrôle les producteurs de soins ; est la tutelle des institutions de financement ; définit et supervise les relations entre institutions, professionnels et population.

2| Les directions qui interviennent dans l'organisation du système de santé

- La direction générale de la santé (DGS).
- La direction générale de l'offre des soins (DGOS).
- La direction générale de la cohésion sociale (DGCS).
- La direction de la recherche, des études, de l'évaluation et des statistiques (DREES).
- La direction de la sécurité sociale (DSS).
- L'inspection générale des affaires sociales (IGAS).

3| Le HCSP (Haut Conseil de la santé publique)

Il est « l'expert » du ministère, il est organisé en 4 commissions spécialisées :
- maladies infectieuses et maladies émergentes (CSMime) ;
- maladies chroniques (CSMC) ;
- risques liés à l'environnement (CSRE) ;
- système de santé et sécurité des patients (CS3SP).

4| Les agences et instituts sanitaires

- Les agences et organismes chargés d'une expertise technique sont sous la tutelle du ministère :
  - **Santé publique France** (agence nationale de la santé publique) a pour mission de protéger efficacement la santé des populations (investigations épidémiologiques, évaluation des risques sanitaires : canicule, Chikungunya, grippe…) ;
  - l'INSERM : Institut national de la santé et de la recherche médicale ;
  - l'INCa : Institut national du cancer ;

– l'ANSM : Agence nationale de sécurité du médicament et des produits de santé ;
– l'EFS : Établissement français du sang ;
– l'ANSES : Agence nationale de sécurité sanitaire de l'alimentation, de l'environnement et du travail ;
– l'ANESM : Agence nationale de l'évaluation et de la qualité des établissements et services sociaux et médicaux.

5 | Cas particulier de la HAS (Haute Autorité de santé)

C'est une autorité publique indépendante à caractère scientifique, qui contribue à la régulation du système de santé par l'amélioration de la qualité en santé par :
– l'évaluation des produits de santé, des pratiques professionnelles et de l'organisation des soins ;
– la certification des établissements de santé et l'accréditation des praticiens de certaines disciplines.

B | Les réseaux territoriaux

» **Décentralisation** : transfert de compétences de l'État central à des assemblées élues au niveau territorial (personnalité morale propre) : la région (conseil régional), le département (conseil départemental).

» **Déconcentration** : délégation de certaines fonctions du ministère à des services extérieurs (pas de personnalité morale propre). Exemples : DRASS, DDASS...

1 | Les ARS (agences régionales de santé)

» Elles sont au nombre de 17 (13 en métropole et 4 en outre-mer) depuis le 1er janvier 2016.

» Elles ont deux grandes missions :
– **pilotage de la politique de santé publique et déclinaison des plans nationaux** en région et au niveau des territoires : veille et sécurité sanitaire, observation de la santé ; définition, financement et évaluation des actions de prévention et de promotion de la santé ; anticipation, préparation et gestion des crises sanitaires ;
– **régulation de l'offre de santé** dans les secteurs ambulatoire (médecine de ville), médicosocial (personnes âgées et handicapées) et hospitalier.

Exemples

Les plans de santé publique
- Plan national santé environnement (PNSE4) 2020-2024
- Plan national autisme 2018-2022
- Plan santé sexuelle 2017-2030
- 4e Plan nutrition santé (PPNS) 2019-2023

Remarque

Les PRS (projets régionaux de santé)

L'action des ARS est incarnée par les projets régionaux de santé élaborés en concertation avec l'ensemble des acteurs de santé dans les régions. Ils définissent la stratégie régionale de santé, organisent et programment sa mise en œuvre opérationnelle et fixent les ambitions et les priorités régionales de santé.

2 | Les délégations départementales

» Elles déclinent localement la stratégie de santé.

» Les départements ont compétence pour :
- l'APA : aide et action sociale en faveur des personnes âgées ;
- les MDPH : maisons départementales des personnes handicapées ;
- l'ASE : aide sociale à l'enfance ;
- la PMI : protection maternelle et infantile ;
- la lutte contre l'exclusion : RSA, fonds d'aide aux jeunes,...

5 Les professionnels de santé

» Ils se divisent en 3 catégories selon le Code de la santé publique (CSP) :
- les **professions médicales** : les médecins, les sages-femmes et les odontologistes ;
- les **professions de la pharmacie** : les pharmaciens et les préparateurs en pharmacie ;
- les **professions d'auxiliaires médicaux** : infirmiers, masseurs-kinésithérapeutes, pédicures-podologues, ergothérapeutes et psychomotriciens, orthophonistes, orthoptistes, manipulateurs d'électroradiologie médicale et techniciens de laboratoire médical, audioprothésistes, opticiens-lunetiers, prothésistes et orthésistes, diététiciens.

» Trois professions d'auxiliaires médicaux sont regroupées en « ordre » professionnel : masseurs-kinésithérapeutes, pédicures-podologues et infirmiers.

» D'autres professionnels exercent dans le secteur de la santé et sont cités par le CSP parce qu'ils sont :
- soit placés en relation avec le secteur et les professions dont ils dépendent : techniciens en analyse biomédicale, préparateurs en pharmacie hospitalière, ambulanciers ;
- soit notés en relation avec le professionnel dont leur activité dépend : aides-soignants, auxiliaires de puériculture et aides médico-psychologiques ;
- soit considérés comme ayant l'usage d'un titre et donc d'une activité, mais sans être qualifiés comme professions de santé : ostéopathes, psychothérapeutes.

» Ils exercent à titre libéral ou salarié.

6 Les établissements de santé

- Ils ont différents statuts :
  - établissements de santé publics (service public hospitalier) ;
  - établissements de santé privés : à but lucratif ou à but non lucratif.
- Ils occupent différentes fonctions :
  - **soins de courte durée** : prise en charge des affections graves à leur phase aiguë ;
  - **soins de suite et de réadaptation (SSR)** : surveillance et traitement de malades nécessitant des soins continus, en vue de leur réinsertion ;
  - **soins de longue durée (SLD)** : hébergement de personnes non autonomes avec surveillance médicale continue (différent des EHPAD).

7 Les usagers du système de santé

- **Définitions** : usager : personne ayant recours au système de soin ; malade : personne dont l'état de santé est altéré ; patient : personne qui consulte un médecin.
- **Fonctionnement** : la population bénéficie des soins et de la prévention. Elle finance le système de santé au travers des impôts et des cotisations sociales ; elle donne son avis, questionne, réclame et dénonce par le biais d'associations et de collectifs de malades. Par l'intermédiaire des associations de défense des malades, elle intervient en tant qu'usager, client et citoyen, pour aider et influer sur les décisions en matière de santé publique.
- **Les plus gros consommateurs de soins** : les personnes âgées (hospitalisation, soins à domicile non spécialisés, médicaments), les enfants jusqu'à 2 ans (soins spécialisés et prévention) et les femmes en âge de procréer (contraception, grossesse, accouchement).

8 Le financement du système de santé

A| La Sécurité sociale

Crée en 1945, réservée, à l'origine, aux salariés et à leur famille, elle est obligatoire pour tous et a 2 principes de base : principe d'unité (un seul régime pour couvrir toute la population) et principe d'universalité (toute la population doit être couverte). Elle est constituée de 5 branches : famille (gérée par la CNAF), retraite (gérée par la CNAV), revouvrement (gérée par l'ACOSS), maladie-accidents du travail et maladie professionnelle (gérée par la CNAM) et la branche dépendance.

B| La branche maladie

Elle assure la prise en charge des dépenses de santé des assurés malades et garantit l'accès aux soins. Elle est gérée principalement par trois principaux régimes d'assurance maladie :

- le régime général qui concerne 80 % de la population ;
- le régime agricole (MSA) ;
- les régimes spéciaux : SNCF, RATP, EDF-GDF, des marins, des mines, Assemblée nationale, Sénat, clercs et employés de notaire, ministres du culte...

Sa gestion est décentralisée (caisses locales) et le contrôle assuré par l'État (IGAS et Cour des comptes).

C| Les assurances complémentaires

Elles complètent le remboursement de l'assurance maladie. Il y a 3 types d'assurances complémentaires : les mutuelles, les assurances privées, les institutions de prévoyance.

D| Le coût restant à la charge de l'usager

» **En ambulatoire** :

» le ticket modérateur (c'est-à-dire la quote-part non remboursée par l'assurance maladie). Il existe 3 types d'exonération du ticket modérateur (par une prise en charge à 100 %) :

- si maladie classée en ALD (affection de longue durée) ;
- si durée d'hospitalisation supérieure à 30 jours ;
- en cas de grossesse, invalidité, accident de travail.

» la participation forfaitaire de 1 euro.

» **En hospitalisation** : le forfait journalier : 20 €/jour (15 € en psychiatrie).

» **Tiers payant** = dispense partielle ou totale d'avance de frais.

Exemples

La protection universelle maladie (PUMa)

Depuis le 1er janvier 2016, la protection universelle maladie assure aux personnes qui exercent une activité professionnelle en France ou qui résident en France de façon stable et régulière, la prise en charge des frais de santé en cas de maladie ou de maternité, à titre personnel et de manière continue tout au long de la vie.

La CMU-C donne droit à la prise en charge gratuite de la part complémentaire des dépenses de santé (y compris à l'hôpital). Les dépenses de santé sont donc prises en charge à hauteur de 100 % des tarifs de la Sécurité sociale.

9 La stratégie nationale de santé 2018 – 2022

A| Favoriser la prévention

Promouvoir des comportements individuels (alimentation, activité physique, addictions, vaccinations, éducation à la sexualité) ; des conditions de travail favorables à la santé ; prévenir la perte d'autonomie ; développer une politique de repérage, de dépistage et de prise en charge précoces des pathologies chroniques.

B| Lutter contre les inégalités d'accès à la santé

Limiter les dépenses de santé à la charge des usagers ; simplifier les démarches administratives ; renforcer la présence médicale et soignante en fonction des besoins des territoires.

C| Garantir la qualité, la sécurité et la pertinence des prises en charge à chaque étape du parcours de santé

Adapter les soins de 1ers secours ; faire évoluer les modes de financement de l'activité hospitalière ; améliorer la qualité de vie des soignants au travail.

D| Innover

Faire émerger des pratiques et des traitements innovants et en garantir l'accès ; soutenir les innovations en santé médicales et technologiques ; réaffirmer le rôle des usagers comme acteurs de leur parcours de santé.

10 Quelques chiffres

- **Les bénéficiaires** (chiffres Insee 2022) :
  - 68 millions d'habitants (dont 65,8 en métropole) ;
  - 118 habitants au km² ;
  - 17 millions de retraités ;
  - espérance de vie en hausse : 85,2 ans pour les femmes ; 79,3 pour les hommes ;
  - 723 000 naissances (chiffre en baisse) ;
  - 667 000 décès (chiffre en hausse) ;
  - une personne sur 5 (21,3 %) a plus de 65 ans.

» **La CSBM :** consommation de soins et de biens médicaux (chiffres DREES 2022) : la dépense courante de santé en France est évaluée à 203,5 milliards d'euros, soit plus de 2 970 euros par habitant et représente 8,9 % du PIB. Dont :

- 47 % : la consommation de soins hospitaliers, y compris la totalité des honoraires perçus par les médecins libéraux en établissement privé ;
- 27 % : la consommation de soins de ville (cabinets libéraux, dispensaires, analyse et prélèvements en laboratoires et soins réalisés en cures thermales) ;
- 2 % : la consommation de transports de malades ;
- 16 % : la consommation de médicaments en ambulatoire ;
- 8 % : la consommation d'autres biens médicaux (y compris optique médicale).

» **Le financement :**

- 79,8 % par la Sécurité sociale ;
- 12,9 % par les organismes complémentaires ;
- 7 % par les ménages ;
- 0,8 % par l'État, la CMU-C.

À SAVOIR — Questions possibles

- Le public est de plus en plus critique vis-à-vis des campagnes de prévention. Cela est-il dû, selon vous, à la médiatisation des scandales sanitaires ?
- Notre système de soins est-il performant au regard de l'état de santé de la population ?
- Le XXe siècle a marqué l'avènement de la santé publique. Qu'est-ce que ce terme évoque pour vous ?

FICHE 2

L'ILLETTRISME

L'illettrisme est un fléau social qui s'amplifie. Son combat est devenu une priorité nationale. La prise de conscience de son ampleur par le grand public et les moyens de lutte qui existent sont les premiers objectifs des différentes journées d'action qui sont organisées.

Thèmes associés : le chômage, l'exclusion, la précarité.

1 Définition

Le terme « illettré » a longtemps été synonyme d'analphabète. Depuis 1984, une définition spécifique différencie les deux notions et laisse à l'**analphabétisme** son sens originel en désignant les personnes qui n'ont jamais été scolarisées et qui sont dans l'incapacité de lire, d'écrire et de compter.

Selon l'Agence nationale de lutte contre l'illettrisme (ANLCI) :

- « L'illettrisme qualifie la situation de personnes de plus de 16 ans qui, bien qu'ayant été scolarisées, ne parviennent pas à lire et à comprendre un texte portant sur des situations de leur vie quotidienne, et/ou ne parviennent pas à écrire pour transmettre des informations simples. »
- « Être illettré, c'est donc ne pas disposer, après avoir pourtant été scolarisé en France, des compétences de base (lecture, écriture, calcul) suffisantes pour faire face de manière autonome à des situations courantes de la vie quotidienne et bien sûr d'entrer dans la lecture d'un livre. »

2 Caractéristiques

L'illettrisme :

- **peut passer inaperçu** : les personnes illettrées s'efforcent de cacher leurs problèmes et de contourner leurs difficultés. Elles développent des compétences qui leur permettent de trouver un emploi (plus de la moitié des personnes concernées travaillent) ;

- est présent aussi bien dans les zones rurales que dans les villes. Toutefois, il existe une **forte corrélation entre illettrisme et précarité** ;
- **n'est pas synonyme d'incompétence ou d'inintelligence** : les personnes illettrées peuvent avoir acquis des compétences sans avoir recours à l'écrit, même si cet acquis est fragile ;
- **ne doit pas être confondu avec l'immigration** : la lutte contre l'illettrisme est différente de la politique linguistique en faveur des migrants.

3 Les causes

Les causes proviennent de facteurs multiples, souvent combinés entre eux : un passé scolaire difficile, des ruptures familiales, des problèmes de santé, des situations d'exclusion ou de précarité.

4 Les conséquences

De nombreuses conséquences existent : un fort sentiment de frustration, une baisse d'estime de soi, un sentiment de dévalorisation du fait de toutes les difficultés rencontrées dans la vie quotidienne, notamment dans l'accès à l'emploi (10 % des demandeurs d'emploi sont concernés), à l'information, à la participation à la vie sociale et culturelle.

La lecture, l'écriture et le calcul sont essentiels pour rédiger un chèque, lire ou écrire une liste de courses, une recette, lire une notice de médicament, un mode d'emploi, une note de service, un planning, des consignes de sécurité, un plan, les devoirs ou le livret scolaire de son enfant, calculer des quantités, vérifier ses comptes...

Les personnes illettrées éprouvent notamment des difficultés pour se repérer dans l'espace et le temps, utiliser les transports, comprendre et répondre au courrier. Les personnes qui travaillent ne demandent pas de formation, ont du mal à s'adapter au changement, à faire des transmissions.

Elles peuvent se retrouver à la merci de personnes mal intentionnées.

5 Les chiffres-clés (2023)

- L'illettrisme touche 2,5 millions de personnes dans l'hexagone et 50 000 en outre-mer, soit 7 % (contre 20 % en 2014) de la population adulte âgée de 18 à 65 ans dont 1,5 million ayant un emploi et 3 millions qui ont de grandes difficultés pour lire un texte simple ;

- **7 personnes illettrées sur 10 travaillent : la lutte contre l'illettrisme touche donc de très près le monde du travail et de l'entreprise ;**
- 71 % d'entre elles parlaient uniquement le français à la maison à l'âge de 5 ans. **Attention aux idées reçues qui assimilent illettrisme et immigration ;**
- 50 % des personnes en situation d'illettrisme ont plus de 45 ans ;
- le taux d'illettrisme est plus fort pour les groupes d'âge les plus élevés : 5 % des 18-65 ans, près de 15 % au-delà de 50 ans ;
- **50 % des personnes concernées en situation d'illettrisme vivent dans des zones rurales ou faiblement peuplées, ce qui signifie que la politique doit s'organiser sur tout le territoire ;**
- 10 % vivent dans les zones urbaines sensibles (ZUS) ;
- Hauts de France : le département de l'Aisne est particulièrement touché, il atteint 13 %, soit deux fois le niveau national.

 # info
L'illettrisme n'est pas une fatalité
foucherconnect.fr/24admissionap33

6 Les moyens de lutte

A| La prise en compte de l'illettrisme

- En 1981, le rapport de G. Oheix (alors directeur général du travail et de l'emploi) « contre la précarité et la pauvreté » affirme que « 8 à 15 % des Français rencontreraient des vraies difficultés avec l'écrit dans leur vie quotidienne ».
- En 1984, le **Groupement permanent de lutte contre l'illettrisme (GPLI)** est créé et le mot illettrisme entre dans le dictionnaire.
- En 2000, l'**Agence nationale de lutte contre l'illettrisme (ANCLI)** succède au GPLI. Sa principale mission est de veiller à ce que les principes de bases de lutte contre l'illettrisme s'inscrivent au cœur des politiques et des pratiques.
- Dès 2002, elle réunit plus d'une centaine d'institutions, de collectivités, d'entreprises pour construire un cadre national de référence dont le premier principe est de prévenir l'illettrisme le plus tôt possible en agissant dès la petite enfance pour que les tout-petits aient accès aux livres, puissent découvrir le plaisir partagé de la lecture et par là même avoir une influence sur leurs familles.
- En 2013, l'illettrisme est reconnu « grande cause nationale » et, en 2014, le cadre national de principes et d'actions pour prévenir l'illettrisme est présenté par le gouvernement. Les 3 premiers objectifs sont :
  - inscrire la prévention de l'illettrisme dans le vaste champ de l'éducation et de la formation tout au long de la vie ;

- proposer des actions concourant à la prévention de l'illettrisme dans tous les espaces (sociaux, culturels, éducatifs, familiaux, citoyens) et tous les territoires ;
- permettre à des adultes de plus en plus nombreux d'avoir accès aux savoirs de base.

» En 2015, l'ANLCI conclut un accord avec le CNFPT (Centre national de la fonction publique territoriale) : 3 000 journées de formation ont été organisées en 2016 mais les collectivités mettent en avant la difficulté d'identifier les agents concernés. Le repérage se fait donc par hasard, lors d'une évaluation annuelle ou d'un examen préalable à une reconversion.

» En 2015, l'ANLCI lance la cinquième phase 2015-2017 du Forum permanent des pratiques pour que chacun puisse s'inspirer de ce qui marche, pour que les initiatives contre l'illettrisme se multiplient et avec un nouvel axe transversal : la lutte contre la fracture numérique.

» En 2021, L'association Lire (Lutter pour l'inclusion et le respect par l'écriture) attire l'attention sur les **risques de l'illectronisme** : « il est l'illettrisme du numérique, il risque, à l'aire de la dématérialisation, d'entraîner une exclusion sociale pure et simple ».

» En 2023, le département de l'Aisne crée le centre ressource illettrisme et illlectronisme (CRII) dans le cadre du plan départemental de lutte contre l'illettrisme.

B| La prévention

Une étude publiée en 2017 dans la revue *Teaching and Teacher Education* montre que personne ne naît avec des prédispositions pour la maîtrise des outils numériques : si les jeunes, pour la plupart, possèdent une tablette et un smartphone et savent utiliser les réseaux sociaux et naviguer sur Internet, ils se retrouvent souvent en grande difficulté pour en faire un usage éducatif, au même titre que devant un livre ou un cahier.

Les campagnes 2017 « Ensemble, on peut vaincre l'illettrisme » ; 2018 « Face à l'illettrisme, vous n'êtes pas seuls » ; 2019 « Quand on apprend, le moindre progrès est une victoire ».

En 2020, l'ANLCI lance sa 7e édition des Journées nationales d'action contre l'illettrisme : « Vous avez la parole » pour tirer les leçons de ce qu'il s'est passé pendant la crise sanitaire pour les personnes confrontées à l'illettrisme ou à l'illectronisme.

La campagne de communication 2023 de la 10e édition s'intitule « Illettrisme, en parler pour avancer ».

À SAVOIR **Questions possibles**

- Depuis 2013, on parle des personnes illettrées comme handicapées de la vie courante. Développez.
- « L'illettrisme, une réalité dont on n'ose pas parler », titre le Figaro.fr en 2014. Qu'en pensez-vous ?
- Qu'est-ce que l'illettrisme ? Quelles en sont les causes et conséquences ? Quels seraient les moyens à mettre en œuvre pour y remédier ?

FICHE 3

L'OBÉSITÉ

L'obésité est la première épidémie mondiale : en 2014, plus de 1,9 milliard d'adultes étaient en surpoids et 600 millions étaient obèses (13 % de la population mondiale).

Selon l'OMS, les personnes en surpoids seront 3,3 milliards d'ici 2030. C'est un problème crucial de santé publique avec des disparités très importantes selon les pays. L'obésité entraîne une surmortalité.

Thèmes associés : l'hygiène alimentaire, les comportements alimentaires, la malbouffe.

1 Définition

L'OMS définit l'obésité « comme un excès de masse grasse qui entraîne des conséquences néfastes pour la santé ».

Le diagnostic de l'obésité peut être calculé selon deux critères :

- l'**indice de masse corporelle (IMC)** = poids (kg)/taille (m^2). C'est le seul moyen simple qui estime la masse grasse d'un individu ; selon l'OMS, on parle de surpoids lorsque l'IMC est supérieur à 25 (la moyenne se situant entre 20 et 25).

IMC kg/m^2	Interprétation (selon OMS)
< 16,5	Dénutrition
16,5 à 18,5	Maigreur
18,5 à 25	Corpulence normale
à 30	Surpoids
30 à 35	Obésité
35 à 40	Obésité sévère
> 40	Obésité morbide ou massive

- le **tour de taille** : la localisation autour du ventre d'un excès de masse grasse déterminera une obésité abdominale, indépendamment de l'IMC.

2 Les origines

Au-delà de la **nutrition** (où l'obésité résulte d'un déséquilibre entre les apports et les dépenses énergétiques), de la **sédentarité** et de la **génétique**, des **facteurs environnementaux** semblent impliqués dans le développement et l'installation de cette maladie.

A| La nutrition

Sur le plan alimentaire, des modifications importantes sont apparues :

- la taille des portions a augmenté ;
- les aliments sont beaucoup plus gras, salés, sucrés et donc plus énergétiques ;
- le choix est infini et l'alimentation à disposition permanente ;
- les prix ont considérablement évolué permettant d'acheter en grand nombre et favorisant les consommations caloriques excessives.

B| Le manque d'activité physique

Différents facteurs entraînent une baisse des dépenses énergétiques : l'exercice physique est réduit à cause des jeux vidéo, d'Internet, de la télévision, de même que les déplacements quotidiens qui privilégient la voiture ou les transports en commun.

C| La génétique

Les **inégalités devant la prise de poids** sont incontestables : avec un mode de vie équivalent, certaines personnes prennent plus de poids que d'autres.

Une **prédisposition génétique** à la prise de poids pourrait expliquer ces différences face à l'obésité : le poids d'une personne est lié à 80 % à ses parents naturels.

D| L'environnement

Certains facteurs environnementaux sont impliqués dans les origines de l'obésité : le stress, le sommeil, certains médicaments, des virus, la composition de la flore intestinale, l'exposition à des polluants, sans oublier ceux qui surviennent avant la naissance, voire avant la gestation. Dans le cadre de l'Étude longitudinale française depuis l'enfance, des chercheurs suivent des enfants de la naissance à l'âge adulte et analysent l'influence de l'alimentation maternelle sur la survenue de l'obésité.

3 Les conséquences

Les incidences sur la santé sont incontestables et il existe un grand risque de développer des maladies ou troubles de type : diabète de type 2, maladies cardio-vasculaires, hépatiques, rénales, respiratoires, articulaires, dermatologiques, incontinence urinaire à l'effort, dépression, cancers.

4 Le surpoids des enfants et des adolescents

Ce sont les courbes de croissance présentes dans les carnets de santé qui évaluent le possible dépassement de la courbe normée.

La période entre 1 et 5 ans est fondamentale : dans 90 % des cas, un enfant obèse ou en surpoids important entre 8 et 12 ans a commencé à prendre du poids à l'âge de 3 ans. Il s'agit du rebond d'adiposité précoce. Un enfant obèse a de fortes probabilités de le rester à l'âge adulte : de 20 à 50 % avant la puberté, et de 50 à 70 % après la puberté.

- **Causes** : chez l'enfant, il s'agit rarement d'une cause unique (rarement une cause médicale) mais d'un ensemble de facteurs de prédisposition et un environnement qui vont favoriser l'excès de poids :
  - pendant la grossesse, tabac, diabète gestationnel mal équilibré, prise de poids importante..., favorisent un bébé de gros poids ;
  - le mode éducatif parental : abus de boissons sucrées, récompense par la nourriture, obligation pour l'enfant de terminer son assiette... ;
  - le niveau socio-économique et l'origine culturelle : dans les milieux défavorisés, les femmes sont moins bien suivies durant leur grossesse, prennent beaucoup de poids, mangent moins équilibré et peuvent ensuite rencontrer des difficultés éducatives ;
  - le manque d'exercice physique ;
  - des facteurs psychologiques conduisant l'enfant à se rassurer avec la nourriture.
- **Conséquences** : elles sont psychologiques (exclusion, moqueries, mise à l'écart, voire harcèlement) et physiques (douleurs articulaires, essoufflement, augmentation du taux d'insuline, des triglycérides dans le sang, ainsi qu'une surcharge de graisse au niveau du foie).

5 Les chiffres-clés (Santé publique France 2020)

- 39 % des adultes dans le monde sont en surpoids et 13 % sont atteints d'obésité (les chiffres ont triplé depuis 1975). Les complications associées entraînent le décès d'au moins 2,8 millions de personnes chaque année (60 % des décès sont dus à des maladies chroniques qui présentent un lien avec l'obésité).
- En France, l'obésité progresse : 17 % des adultes sans différence de sexe ont un IMC > 30 et 2 % un IMC > 40.
- Le nombre de chirurgies bariatriques a été multiplié par 4,5 entre 2006 et 2017 (68 000 personnes opérées chaque année).
- Enfants et adolescents (chiffres DREES 2019) :
  - l'obésité infantile touche près de 42 millions d'enfants dans le monde. L'OMS estime que ce chiffre atteindra 70 millions à l'horizon 2025, si la tendance se poursuit ;
  - en France, 17 % des enfants de 6 à 17 ans sont en surpoids dont 4 % sont obèses ;
  - persistance des inégalités sociales fortes : dès l'âge de 6 ans, les enfants d'ouvriers sont 4 fois plus touchés par l'obésité que les enfants de cadres : 16 % sont en surcharge pondérale et 6 % sont obèses contre respectivement 7 % et 1 % chez les enfants de cadres ;
  - la prévalence de la maigreur chez les enfants est estimée à 13 % et atteint 19 % chez les filles de 11 à 14 ans.

6 La prévention

A| La recherche

La prise en compte, dans la prise en charge de l'obésité, d'une dimension environnementale autant que comportementale expliquerait les récents progrès réalisés.

- Les derniers travaux montrent que le retentissement sur la santé de l'inflation de la masse grasse dépend de l'importance de cet excès, mais aussi de sa nature (degré d'inflammation, taille des cellules), de sa distribution (abdominale, autour du foie, du cœur…) et des complications qu'elle entraîne.
- Les chercheurs ont également mis en évidence la toxicité de cet excès de tissu adipeux qui expliquerait pourquoi certains obèses ne maigrissent que très peu malgré une réduction de leurs apports alimentaires et une augmentation de leur activité physique. Cela expliquerait également pourquoi les personnes qui guérissent d'obésité sont rares alors que 60 % des patients souffrant d'anorexie mentale et de boulimie guérissent de leur trouble alimentaire.
- Il n'y a pas de traitement médicamenteux spécifique : il est nécessaire de s'adapter à chaque individu.

B| Une prise en charge globale et personnalisée

- Un suivi est nécessaire pendant plusieurs années par une équipe pluridisciplinaire. De plus, une activité physique et régulière est recommandée : minimum de 150 minutes d'activité modérée par semaine (ou 75 minutes d'activité intense).
- La perte de poids conseillée est de 5 % du poids de départ par an, avec maintien de cette perte dans le temps. Il n'existe pas de traitement médicamenteux sans graves effets indésirables.

C| La chirurgie bariatrique

La chirurgie de l'obésité, réservée aux formes les plus sévères associées à des complications, connaît un développement important. Il s'agit d'une intervention qui vise à modifier le système digestif pour réduire l'efficacité de la digestion en diminuant l'absorption des aliments soit par la pose d'un anneau gastrique autour de l'estomac, soit par un court-circuit gastrique (bypass) qui relie l'estomac à l'intestin grêle, soit par l'ablation partielle de l'estomac (sleeve, technique la plus utilisée). La chirurgie plastique complète cette chirurgie pour éliminer les amas graisseux gênants.

D| Les recommandations en cas de surpoids ou d'obésité chez les enfants et les adolescents

- Surveiller l'IMC, indépendamment de l'âge, de la corpulence apparente et du motif de consultation chez tous les enfants et adolescents 2 à 3 fois par an.
- Être vigilant au risque de rebond d'adiposité précoce autour de l'âge de 6 ans.
- Réaliser un suivi régulier et prolongé d'au minimum 2 ans même si les risques s'atténuent.
- Établir une prise en charge globale qui s'appuie sur une éducation thérapeutique du patient qui prenne en compte l'alimentation, l'activité physique et la sédentarité (si le temps de télévision dépasse 4 heures par jour, la corpulence des enfants – et principalement des filles – augmente, indépendamment de ce qu'ils mangent), l'équilibre des rythmes de vie, les aspects psychologiques et socioéconomiques.
- Associer dans cette prise en charge les parents et/ou les adultes responsables de l'enfant ou de l'adolescent.
- Obtenir l'adhésion de l'enfant ou de l'adolescent et de sa famille sans culpabiliser, ni stigmatiser.

Chez l'enfant et l'adolescent en surpoids ou obèse, l'objectif prioritaire n'est pas la perte de poids, mais le ralentissement de la progression de la courbe de corpulence.

Selon l'OMS, le meilleur moyen d'enrayer l'épidémie d'obésité infantile reste la prévention : la prise en charge doit être multidisciplinaire :

- psychologique ;

– alimentaire : servir dans de plus petites assiettes, manger plus lentement, limiter la consommation de graisses, surtout saturées, réduire la consommation de sucres, consommer plus de fruits et légumes, de céréales complètes, légumineuses et fruits secs ;
– physique : lutter contre la sédentarité, encourager une activité physique ludique modérée à intense au moins 60 minutes par jour.

E | Les actions gouvernementales

» **Le 1er PNNS (Plan national nutrition santé) date de 2001** et a initié les actions de lutte contre l'obésité : suppression des distributeurs de friandises et boissons sucrées des établissements scolaires, obligation d'accompagner la publicité pour les aliments d'un message à caractère sanitaire, promotion de l'allaitement maternel qui protégerait contre les risques de l'obésité, affichage sur les étiquettes alimentaires, création des 9 RePPOP (réseaux nationaux de prévention et de prise en charge de l'obésité pédiatrique)…

» **Le 4e (PNNS) 2019-2023 comporte 5 axes :**
– axe 1 : améliorer pour tous l'environnement alimentaire et physique pour le rendre plus favorable à la santé ;
– axe 2 : encourager les comportements favorables à la santé ;
– axe 3 : mieux prendre en charge les personnes en surpoids, dénutries ou atteintes de maladies chroniques ;
– axe 4 : impulser une dynamique territoriale ;
– axe 5 : développer la recherche, l'expertise et la surveillance en appui de la politique nutritionnelle.

» Pour 2023, les objectifs sont de diminuer de 15 % l'obésité et stabiliser le surpoids chez les adultes et de diminuer de 20 % le surpoids et l'obésité chez les enfants et les adolescents.

 # info
HAS 2022 : le « Guide du parcours de soins : surpoids et obésité chez l'enfant et l'adolescent(e) »
foucherconnect.fr/24admissionap06

À SAVOIR Questions possibles

- L'alimentation actuelle tend de nombreux pièges aux enfants et aux adolescents, de la mise à la disposition d'aliments faciles à consommer mais hautement caloriques à l'ingestion de calories liquides, sodas par exemple. L'excès calorique est inévitable si on n'y prend pas garde. Qu'en pensez-vous ?
- Les études statistiques démontrent que l'obésité atteint prioritairement les personnes en grande précarité. Expliquez les raisons de ce phénomène.
- L'obésité des enfants est un problème de société. Qu'en pensez-vous ?

FICHE 4 LES TROUBLES DU COMPORTEMENT ALIMENTAIRE

L'état nutritionnel de la population est le résultat de l'équilibre entre les besoins des individus et leurs apports nutritionnels. Les troubles des conduites alimentaires (TCA) concernent près d'un million de personnes en France. Plus de la moitié d'entre elles ne sont pas dépistées et n'accèdent pas encore aux soins.

Thèmes associés : l'hygiène alimentaire, l'obésité, la malbouffe.

1 Définition

Tout être humain a besoin de :

- **nutriments énergétiques** (glucides, lipides, protéines) qui procurent l'énergie nécessaire au bon fonctionnement de l'organisme ;
- **nutriments non énergétiques** (calcium, fer, vitamines) qui sont indispensables à la bonne utilisation des nutriments.

A| Le comportement alimentaire

Le comportement alimentaire est un ensemble d'actions coordonnées qui aboutit à la prise alimentaire en étant relié à une ou plusieurs pensées d'ordre émotionnel ou cognitif. Ce n'est ni une habitude, ni une conduite.

La prise alimentaire est régulée par un ensemble de facteurs métaboliques et hormonaux avec comme signaux la faim et la satiété.

B| Les troubles du comportement alimentaire (TCA)

Les 2 troubles majeurs les plus répandus du comportement alimentaire sont l'**anorexie** et la **boulimie** (qui doit être différenciée de la compulsion alimentaire).

Ils ne sont pas limités au besoin ou à la volonté de maigrir. Ils expriment un mal-être, une vraie souffrance qui n'a que ce moyen pour s'exprimer. Les personnes atteintes de ces différents troubles ont en commun un manque de confiance et d'estime de soi, une exigence de contrôle ou un perfectionnisme exacerbé, et n'ont pas la possibilité de guérir seules, sans aide.

Tous ces troubles n'ont pas une origine unique, bien que l'on retrouve fréquemment un événement traumatique déclencheur, mais sont dépendants de plusieurs facteurs :

- des facteurs physiologiques : adolescence et puberté ;
- des facteurs génétiques ;
- des facteurs psychologiques : anxiété, contrôle, obsession ;
- des facteurs familiaux : traumatismes ;
- des facteurs socioculturels comme, notamment, l'exigence actuelle de maigreur véhiculée par l'ensemble des médias ou liée à la pratique de certains sports (danse, gymnastique).

2 L'anorexie mentale

A| Les caractéristiques

L'anorexie mentale touche surtout les femmes autour de 16 ans, mais elle peut survenir parfois beaucoup plus tôt (dès 8 ans), ou plus tard (après 18 ans). La personne atteinte de ce trouble diminue volontairement son alimentation ou s'en prive pendant une période pouvant aller de quelques mois à plusieurs années, ce qui entraîne un amaigrissement important (jusqu'à moins de 85 % pour l'âge et la taille). Il apparaît une perturbation dans la manière dont le poids corporel, la forme ou la silhouette sont perçus.

Contrairement aux croyances, ce trouble n'est pas lié aux catégories sociales les plus aisées.

B| La personne anorexique

La personne anorexique veut contrôler son corps, a une peur incontrôlée de grossir et un besoin obsessionnel de maigrir. Son image corporelle est perturbée ; quand elle se regarde, elle ne voit pas la réalité de son apparence. Elle cherche toujours à intensifier sa perte de poids, parfois en se faisant vomir ou en ayant recours à une hyperactivité physique (agitation, excitation, activité sportive), à des laxatifs et à des diurétiques. La **potomanie**, qui est le fait de boire des quantités très importantes de liquide (plus de 3 litres par jour), est un signe d'anorexie.

La perte de poids peut être supérieure à 15 %. On parle alors de dénutrition qui entraîne un déséquilibre hormonal très important, lui-même responsable de la disparition des règles (aménorrhée) ou d'une infertilité à venir ainsi que de graves carences.

C| Les conséquences de l'anorexie

Elles sont de plusieurs ordres.

1| En période de crise anorexique

- Atteinte cardiovasculaire (baisse du rythme cardiaque, troubles du rythme, chutes de tension).
- Aménorrhée quasi constante.
- Manifestations hématologiques (anémie, leucopénie et thrombopénie).
- Perturbations neurologiques.
- Troubles métaboliques du cholestérol et du glucose.
- Également perte des cheveux, problèmes rénaux, constipation…

Ces manifestations disparaissent à la reprise du poids.

2| À long terme

- Complications essentiellement osseuses (risque d'ostéoporose) et dentaires (usure très importante des dents en cas de vomissements fréquents).
- Risque de retard de croissance staturo-pondérale si l'anorexie survient avant ou au début de la puberté.
- Perturbations psychologiques : attitudes de plus en plus rigides, isolement relationnel entraînant des conséquences sur le plan scolaire ou professionnel.
- Le **danger de mort** par dénutrition ou par suicide est réel.

3 La boulimie

A| La personne boulimique

La boulimie est un trouble complexe qui se caractérise concrètement par des crises compulsives où la prise alimentaire prend des proportions incontrôlables. Ce trouble touche principalement des personnes jeunes, surtout les filles, qui ont peur de grossir et veulent perdre du poids.

La caractéristique de la boulimie est la perte totale de contrôle. Pour maigrir, les filles se restreignent terriblement, ce qui entraîne des crises alimentaires incontrôlées où elles engloutissent des quantités démesurées de nourriture. Des vomissements, souvent provoqués, parfois spontanés, terminent cette crise.

Ce comportement est caché, de l'ordre du secret. Il n'y a aucune trace, ni aucune manifestation en public.

B| Les conséquences de la boulimie

Elles sont liées :

- à l'ingestion massive de nourriture : dilatation, voire rupture, de l'estomac ;

- aux vomissements, qui entraînent des remontées acides abîmant les dents (risque de déchaussement) ou qui brûlent l'œsophage (œsophagite) ; ils peuvent occasionner des fausses routes gastriques ou des pneumopathies de déglutition ;
- à la dénutrition : irrégularité menstruelle, perte de cheveux, crampes musculaires, état de fatigue chronique, difficultés de concentration...

4 La compulsion alimentaire ou hyperphagie

C'est un trouble qui n'est pas essentiellement féminin. Les personnes ingèrent, en dehors des repas, et sans sensation de faim, des quantités importantes de nourriture qu'elles apprécient. Il y a une forte notion de plaisir et pas de compensation, ni par les vomissements, ni par de l'hyperactivité.

La personne compulsive tolère ses crises alimentaires même si elle les regrette (sentiment de culpabilité). Ces crises conduisent au surpoids.

Le diagnostic de compulsions sévères implique au moins 2 crises par semaine.

5 Les TCA dits « atypiques »

A| L'orthorexie

C'est le **besoin obsessionnel et acharné de se nourrir sainement**. Il n'y a aucune notion de plaisir, les aliments ne valent que par leurs vertus diététiques, jamais par leur goût. La personne peut penser et vérifier son alimentation pendant des heures. Le contrôle est permanent, devenant pour ces personnes, la seule et unique tâche importante de la journée et de la vie, et entraînant ainsi un isolement (pas d'invitations, pas de sorties au restaurant...).

B| Les conduites restrictives obsessionnelles (ou hypophagie)

Ce sont des contrôles permanents des calories. Les personnes s'alimentent un peu mais elle sont néanmoins très maigres car en permanence en régime. Elles refusent de manger hors de chez elles.

C| Le grignotage pathologique

Il correspond au besoin de manger en dehors des repas, souvent devant la télévision, de petites quantités de nourriture. La personne ne réalise pas les quantités qu'elle ingère. La conséquence pathologique est un surpoids important qui révèle un véritable mal-être.

D| La rumination (ou mérycisme)

C'est un acte quasi involontaire qui se rencontre plus fréquemment chez les enfants. Chez l'adulte, la personne fait remonter dans sa bouche les aliments qu'elle vient d'ingérer pour déglutir à nouveau. Le plaisir est dans la déglutition.

6 Les chiffres-clés (Santé publique France 2019)

Les TCA concernent 600 000 jeunes et sont en augmentation constante : plus de 5 % des jeunes filles et des jeunes femmes de 14 à 35 ans en sont atteintes.

A| L'anorexie

- 20 % des filles se privent régulièrement de nourriture, mais seule une minorité devient anorexique.
- L'anorexie mentale concerne 70 000 adolescents (1,5 % des jeunes filles contre 0,25 % des garçons) et 170 000 adultes dont 100 000 depuis l'adolescence.
- Les deux âges de début du trouble les plus représentés sont 14 ans et 18 ans (dans 8 % des cas, l'anorexie touche des adolescentes de moins de 10 ans).
- La phase anorexique dure en moyenne 7 ans, mais elle peut varier de 6 mois à 30 ans.
- À terme, 1/3 des anorexiques s'en sortent bien (physiologiquement et psychologiquement) ; 1/3 conservent des anomalies du comportement alimentaire. Le dernier 1/3 évolue mal, vers une dénutrition grave et une dépression chronique.
- La mortalité est maximale l'année qui suit la sortie d'hospitalisation (arrêt cardiaque dans plus de 50 % des cas et suicide dans 27 %, le taux de suicide des anorexiques est le plus élevé de toutes les maladies psychiatriques).
- Le taux de mortalité est de 5 à 10 % dans les 5 ans qui suivent l'apparition de la maladie, jusqu'à 15 % au-delà de 10 ans et 20 % après 20 ans.

B| La boulimie

- 150 000 adolescents et 250 000 adultes sont atteints de boulimie, dont 50 000 ayant débuté à l'adolescence (75 % sont des jeunes filles ou des femmes).
- 20 à 50 % des sujets souffrant d'anorexie ont des crises de boulimie et 27 % des sujets souffrant de boulimie ont des antécédents d'anorexie mentale.
- 70 % des personnes souffrant de boulimie ont un poids normal.
- 20 % des personnes boulimiques souffrent d'une autre dépendance.

C| La compulsion alimentaire ou hyperphagie

Elle toucherait 500 000 personnes (6 à 8 % des Français entre 15 et 55 ans). La marge d'erreur peut être importante car il n'existe pas de registre. Une des particularités de l'hyperphagie est de concerner autant les hommes que les femmes.

7 Les traitements et la prévention

A| L'anorexie

1| Les objectifs

Ils portent sur plusieurs niveaux :

- normaliser le poids en aidant la personne à retrouver les sensations de faim et de satiété ;
- apporter une aide psychologique par du soutien et des thérapies (notamment des thérapies familiales qui associent l'entourage) ;
- éviter la récidive en maintenant un suivi sur au moins une année.

2| La prise en charge

Elle se fait :

- soit en consultation ;
- soit en hospitalisation si le risque vital est décelé (causes physiques ou risque suicidaire). **L'hospitalisation peut être imposée en cas de refus du patient car il y a souvent déni des troubles anorexiques.**

3| Les actions de prévention

Elles sont essentiellement basées sur de l'information :

- auprès des jeunes enfants afin de leur faire prendre conscience et accepter les différences physiques (formes corporelles, défaut, handicap) ;
- auprès des collèges et des lycées par l'intervention de professionnels de santé ou d'anciens malades pour parler des TCA et de leurs risques ;
- dans les « maisons de l'adolescent ».

Les chercheurs tentent de préciser les mécanismes impliqués dans l'émergence de ce trouble, ainsi que ses facteurs de risque et d'évolution. Ils cherchent aussi à améliorer la qualité de la prise en charge des patients : l'objectif est d'obtenir des guérisons plus fréquentes et plus rapides, limitant ainsi le risque de séquelles et de complications potentiellement fatales.

B| La boulimie et la compulsion

La prise en charge est sensiblement la même que pour l'anorexie. Elle porte sur :

- une thérapie cognitive et comportementale, afin d'aider les patients à surmonter leur besoin compulsif de manger, en travaillant sur le comportement à table et sur le lien entre l'émotion ressentie et la prise alimentaire (ou son refus) ;
- une information nutritionnelle sur les besoins énergétiques et sur les aliments ;
- un traitement médicamenteux (type antidépresseur) qui est proposé, si besoin, pour aider à réduire la fréquence des crises.

Il existe peu de refus de traitement, car les patients sont conscients de leurs difficultés.

La thérapie EMDR est de plus en plus utilisée pour traiter les troubles alimentaires chez les adolescents.

8 Les mesures gouvernementales

» Le ministère chargé de la Santé a signé en 2008 une « charte d'engagement volontaire sur l'image du corps ». Elle a pour grands principes de :

- « sensibiliser le public à l'acceptation de la diversité corporelle ;
- protéger la santé des populations en général, des personnes soumises à des contraintes alimentaires spécifiques et des professionnels de l'image du corps ;
- procéder à des opérations de communication ;
- mieux informer le public sur l'utilisation de l'image du corps et sur l'interdiction de l'apologie de l'anorexie sur Internet. »

» La loi n° 2016-41 de modernisation de notre système de santé contient des dispositions aux articles 19 et 20 ayant trait aux mannequins et à leur santé. Ces deux types de dispositions visent à donner une image du corps dans notre société plus réaliste afin de mettre fin à l'incitation à la maigreur extrême, voire à l'anorexie, chez les jeunes les plus fragiles qui sont sensibles à un idéal de beauté inaccessible.

» La Fédération Française Anorexie Boulimie (FFAB) a organisé le 2 juin 2021 la 1re journée de sensibilisation aux TCA à l'échelle nationale.

À SAVOIR Questions possibles

- Quels peuvent être les dangers d'un régime ?
- En 2013, des magazines relevaient la nouvelle obsession des adolescentes américaines : avoir un « *thigh gap* », c'est-à-dire, pieds serrés, un espace entre les cuisses qui ne se touchent pas. Qu'est-ce que ça vous inspire ?

5 LES TROUBLES DU NEURO-DÉVELOPPEMENT (TND)

Le neuro-développement recouvre l'ensemble des mécanismes qui interviennent dans la mise en place des réseaux du cerveau impliqués dans la motricité, la vision, l'audition, le langage ou les interactions sociales. Lorsque le fonctionnement d'un ou plusieurs de ces réseaux est altéré, peuvent apparaître des troubles du langage, des troubles des apprentissages, des difficultés à communiquer ou à interagir avec l'entourage.

Parmi ces troubles du neuro-développement (TND), on retrouve les troubles du spectre de l'autisme (TSA), les troubles du développement intellectuel, les troubles dys (dyslexie, dyspraxie, dysphasie, dyscalculie, dysorthographie), les troubles du déficit de l'attention avec ou sans hyperactivité (TDAH).

1 Les TSA et les TDAH

A| Les caractéristiques

L'autisme, ce trouble envahissant du développement défini en 1943 par le pédopsychiatre Léo Kanner, est aujourd'hui intégré dans un ensemble plus vaste, celui des **troubles du spectre de l'autisme (TSA)**. Ces troubles sont caractérisés par des :

- altérations des interactions sociales ;
- problèmes de communication (langage et communication non verbale) ;
- troubles du comportement correspondant à un centre d'intérêts et d'activités restreint, stéréotypé et répétitif ;
- réactions sensorielles inhabituelles.

Apparaissant majoritairement entre 18 et 36 mois, l'autisme est souvent à l'origine de difficultés d'apprentissage et d'insertion sociale mais n'est pas systématiquement associé à un retard intellectuel. Parmi les troubles du spectre autistique (TSA), on distingue :

- **l'autisme infantile ou trouble autistique** (parfois encore appelé autisme de Kanner) qui se manifeste avant l'âge de 3 ans par une absence de babil, une incapacité à fixer son attention et une absence de sourire aux visages familiers ;
- **le syndrome d'Asperger** : très majoritairement masculin, cette forme moins sévère d'autisme se manifeste après 3 ans. La personne diagnostiquée n'a pas de retard dans la maîtrise du langage mais a plutôt une difficulté à comprendre la logique du monde qui l'entoure. Elle craint le contact avec autrui et est particulièrement dépourvue d'empathie. L'intelligence est le plus souvent normale mais il existe une grande maladresse et malhabileté ;
- **l'autisme de haut niveau** se distingue du précédent par une meilleure capacité de communication (même si les difficultés sont bien présentes) mais une moindre maîtrise du langage.

Certaines personnes sont capables de prouesses intellectuelles.

Les troubles envahissant du développement non spécifié concernent tous les autres cas.

B| Les différentes causes

En ce qui concerne l'autisme, différents scénarios sont envisagés, notamment des hypothèses laissant penser que la pathologie se déclarerait *in utero*. D'autres hypothèses mettent en cause des mécanismes biologiques, génétiques et psychiatriques mais à ce jour, ils sont encore méconnus.

C| Les chiffres-clés (Handicap.gouv.2023)

- les troubles du neurodéveloppement concernent 1 personne sur 6 :
  - les troubles du spectre de l'autisme (TSA) représentent entre 0,9 % et 1,2 % des naissances, soit environ 7 500 bébés chaque année (3 ou 4 garçons pour une fille). La Haute Autorité de santé estime environ 100 000 jeunes de moins de 20 ans et près de 600 000 adultes sont concernés.
  - le trouble de l'attention avec ou sans hyperactivité concerne 6 % des enfants et 3 % des adultes.
  - le trouble du développement intellectuel concerne 1 % de la population.
- + de 50 % des personnes ayant un trouble du neurodéveloppement ont un second TND et d'autres maladies associées sont fréquentes : épilepsie, troubles gastro-intestinaux, pathologies cardio-vasculaires, pathologies de la vision et de l'audition, troubles du sommeil, troubles du comportement alimentaire, troubles anxieux et dépression.
- 70 % des personnes concernées ont des difficultés cognitives qui persistent à l'âge adulte.

D| Les actions gouvernementales

Pour les enfants présentant des troubles autistiques, la HAS recommande des types d'intervention précoces, globales et intensives ayant un impact sur le développement psychomoteur, cognitif et social.

Plusieurs méthodes d'accompagnement existent : MAKATON (aide à la communication et au langage), TEACCH (structuration de l'espace et du temps), ABA (structuration du comportement), TED (échanges et développement) et SACCADE (communication par l'échange d'images).

Un guide à l'attention des professionnels et en direction des fratries de ces enfants a été réalisé.

 # info
Groupe fratrie d'enfants/adolescents ayant un frère ou une sœur porteur de troubles du spectre de l'autisme
foucherconnect.fr/24admissionap34

E| Des campagnes de sensibilisation

Une campagne de communication pour lutter contre les préjugés dont souffrent les personnes atteintes d'autisme a été lancée auprès du grand public en avril 2016 par la secrétaire d'État chargée des Personnes handicapées et de la Lutte contre l'exclusion, à l'occasion de la journée mondiale de sensibilisation à l'autisme : « 1 personne sur 100 est atteinte d'autisme, ne laissez pas les préjugés parler à leur place ».

F| Les plans Autisme

» Après 3 plans Autisme, le plan 2018-2022 présente 5 engagements :
- remettre la science au cœur de la politique publique de l'autisme en dotant la France d'une recherche d'excellence ;
- intervenir précocement auprès des enfants ;
- rattraper notre retard en matière de scolarisation ;
- soutenir la pleine citoyenneté des adultes ;
- soutenir les familles et reconnaître leur expertise.

» Une concertation nationale autour du 4e plan Autisme s'articule autour de 5 axes :
- l'inclusion scolaire ;
- l'inclusion sociale ;
- l'appui aux familles, la réponse à ses besoins ;
- la recherche, l'innovation et l'enseignement universitaire ;
- la qualité des interventions, la formation des professionnels.

- Les TSA et les TND sont pris ensemble dans la même stratégie car 40 à 60 % des personnes autistes présentent aussi un trouble spécifique d'une fonction cognitive (praxies, langage oral, fonctions attentionnelles).
- À partir de 2022, 2 300 familles (parents et bébés) seront suivis pendant 10 ans par des chercheurs afin de tenter de déterminer le rôle des facteurs environnementaux et biologiques dans la survenance de troubles du spectre autistique.

 # info
L'autisme
foucherconnect.fr/24admissionap07

 # info
Quels outils et méthodes d'intervention pour la prise en charge de l'autisme ?
foucherconnect.fr/24admissionap08

2 Les troubles dys

Le terme « dys » regroupe l'ensemble des troubles cognitifs spécifiques du langage, des praxies, de l'attention et des apprentissages. Ces troubles doivent être différenciés des difficultés d'apprentissage que peuvent rencontrer certains enfants.

A| Les caractéristiques

Ces troubles apparaissent au cours du développement de l'enfant, avant ou au moment des premiers apprentissages et auront des répercussions sur la vie scolaire, professionnelle et sociale, voire des conséquences affectives et comportementales.

Ils affectent une ou plusieurs fonctions cognitives (recevoir l'information, la traiter, la manipuler, la communiquer, s'en servir pour agir) mais pas le fonctionnement cognitif global (contrairement à la déficience mentale).

1| Des troubles d'acquisition du langage écrit

La **dyslexie** correspond aux troubles de la lecture qui apparaissent dès le début de l'apprentissage et persistent dans le temps. L'enfant a des difficultés à identifier les mots. La dyslexie s'accompagne souvent de troubles de l'écriture.

La **dysorthographie** concerne les troubles de l'écriture et de l'orthographe. L'enfant a des difficultés à intégrer les principales règles d'accord.

2| La dysphasie

C'est un trouble du développement du langage oral, principalement dans la formulation, le vocabulaire et la syntaxe. L'enfant a du mal à traduire sa pensée par l'expression des mots. Ce trouble peut s'avérer très fatigant pour l'enfant et peut avoir une incidence sur son équilibre psychologique.

3 | Le trouble du développement de la coordination (anciennement dyspraxie)

C'est un trouble du développement moteur qui correspond à une altération des gestes et de l'acquisition de la coordination : l'écriture, le dessin. Ce n'est pas une difficulté motrice mais plutôt gestuelle.

4 | La dyscalculie

Elle altère la compréhension de ce qui a trait aux nombres : les comptes, le calcul mental, les résolutions de problèmes.

5 | Les troubles de l'attention

Ils sont responsables de difficultés de concentration et entraînent de nombreuses erreurs d'inattention, un non-respect des consignes et une mauvaise organisation dans le travail, en dépit de toute bonne volonté.

6 | Les troubles de la mémoire, ou troubles du développement des processus mnésiques

Ils peuvent affecter la mémoire à court terme, immédiate et/ou à long terme. Ces troubles sont permanents.

7 | L'association de ces troubles

Dans 40 % des cas, un enfant concerné par les troubles « dys » présente plusieurs types de troubles des apprentissages.

La dyslexie ou la dyscalculie sont fréquemment associées à des troubles de la coordination motrice (dyspraxie) ou de l'attention.

Un problème de langage oral (dysphasie) est associé à un risque de dyslexie dans 50 % des cas.

B | L'origine de ces troubles

Ils sont nommés troubles cognitifs car ils ne peuvent être totalement expliqués ni par une déficience intellectuelle globale, ni par une déficience sensorielle ou neurologique, ni par un trouble du spectre autistique ou un trouble psychique. En revanche, certains enfants victimes d'un traumatisme crânien ou opérés et soignés pour une tumeur cérébrale peuvent également présenter ces troubles.

3 Les chiffres-clés

En constante augmentation, les troubles dys concernent 8 % de la population. Le diagnostic de ces troubles est encore insuffisant et la prise en charge est inégale sur le territoire.

4 La prévention

A| Le repérage, le dépistage et le diagnostic

L'enfant qui a du mal à apprendre à écrire ou à lire, qui n'arrive pas à effectuer des gestes simples comme boutonner son tablier, reboucher un couvercle ou qui n'arrive pas à dessiner, suscite généralement l'inquiétude de ses parents, d'un proche ou de l'enseignant.

Le repérage de ces difficultés doit entraîner une consultation médicale et, si besoin, un dépistage plus approfondi sous la forme d'un bilan pluridisciplinaire faisant intervenir des orthophonistes, des psychologues, des neuropsychologues, des psychomotriciens, des ergothérapeutes..., en fonction des troubles que présente l'enfant.

Ce bilan permet d'évaluer l'ensemble des fonctions cognitives. Le diagnostic est établi à partir des déficits observés par rapport au niveau attendu qui tient compte de l'âge de l'enfant et de son niveau intellectuel.

Les médecins recherchent également d'autres troubles associés des apprentissages.

Une fois le diagnostic posé, les parents peuvent demander la reconnaissance du handicap à la maison départementale des personnes handicapées (MDPH).

La précocité de la prise en charge est essentielle et déterminante pour améliorer et/ou compenser les fonctions déficientes et éviter les sur-handicaps, subis souvent à vie, dans tous les domaines : illettrisme, échec scolaire, orientation professionnelle par défaut, exclusion sociale...

B| La rééducation

Ces troubles étant durables, il n'existe pas de méthode de rééducation unique mais des prises en charge variées qui permettent d'améliorer et de compenser les fonctions déficientes en offrant aux enfants la possibilité de développer leur potentiel scolaire : séances d'orthophonie, de psychomotricité, d'ergothérapie...

C| L'aide scolaire

La plupart de ces enfants bénéficient de certains aménagements spécifiques à partir d'un projet personnalisé de scolarisation (PPS) : autorisation d'utiliser un ordinateur, attribution de logiciels informatiques (d'aide au dessin, à l'écriture, à la lecture), attribution d'un AESH (accompagnant des élèves en situation de handicap).

Des interventions de professionnels extérieurs à l'école et membre de différents réseaux d'aide sont également possibles : services d'éducation spéciale et de soins à domicile (SESSAD), réseau d'aide spécialisée aux élèves en difficulté (RASED).

Des classes spécialisées à l'intérieur des écoles, collèges ou lycées ordinaires sont proposées : ce sont les ULIS (unités localisées pour l'inclusion scolaire) : ULIS-école, ULIS-collège, ULIS-lycée. Elles permettent la scolarisation dans le premier et le second degré d'un petit groupe d'élèves présentant des troubles compatibles.

Des chercheurs ont participé à la création du site Le Cartable Fantastique qui propose en ligne des ressources scolaires adaptées pour les enfants dyspraxiques ainsi que des outils pour les enseignants.

Aménagement spécifique lors des examens

La Commission des droits et de l'autonomie des personnes handicapées (CDAPH), au sein de la MDPH, donne son avis et fait des propositions mais c'est l'autorité administrative compétente chargée de l'organisation des examens qui décide des aménagements à accorder.

Différentes possibilités sont offertes selon les examens : aide d'une tierce personne, tiers temps, utilisation d'un matériel spécialisé, épreuves étalées sur plusieurs sessions, adaptation d'épreuves ou dispense d'épreuves.

5 La recherche

La dyslexie est le trouble le plus étudié par les chercheurs et des facteurs environnementaux ont été associés au risque de dyslexie. Il a été mis en évidence qu'un environnement linguistique et intellectuel stimulant et un bon accompagnement de l'enfant, avec un repérage précoce, réduiraient le risque de sévérité des troubles et de retard scolaire. La dyslexie serait plus fréquente (ou en tout cas plus sévère) chez les enfants qui ont un langage très pauvre.

6 Les mesures gouvernementales

- 2001 : les troubles « dys » sont officiellement reconnus dans le plan langage 2001.

- 2005 : la loi du 11 février 2005 pour l'égalité des droits et des chances, la participation et la citoyenneté des personnes handicapées énonce dans l'article L321-4 « dans les écoles et les établissements scolaires du second degré, des aménagements particuliers et des actions de soutien doivent être mis en place au profit des élèves qui éprouvent des difficultés, notamment ceux atteints de troubles spécifiques du langage oral ou écrit, telle la dyslexie. Lorsque ces difficultés sont graves et permanentes, les intéressés doivent recevoir un enseignement adapté ».
- 2015 : la Fédération française des dys (FFDys) lance une grande enquête à l'échelle nationale afin de réaliser « un état des lieux sur les parcours de santé en lien avec la scolarité et l'emploi des dys ».
- Janvier 2018 : la Haute Autorité de santé rappelle que « les troubles spécifiques du langage et des apprentissages (TSLA) dits "troubles DYS" constituent une priorité de santé publique » et que « si leur prise en charge s'est améliorée depuis 15 ans, des progrès sont à réaliser concernant notamment la mise en place effective d'un parcours de santé coordonné, fluide et centré sur les besoins de l'enfant ».
- Novembre 2018 : la FFDys renouvelle ses demandes auprès de la ministre des Solidarités et de la Santé, soit pour ces enfants :
  - un âge de dépistage « précoce » de 0 à 9 ans pour les enfants dys ;
  - l'accessibilité des structures pluridisciplinaires référencées dys aux aides créées ;
  - l'inclusion des interventions en libéral des professionnels de santé et des psychologues spécialisés en neuropsychologie dans les parcours ouvrant droit à prise en charge.
- La journée nationale des dys a lieu chaque année le 10 octobre.

 # info

Guide ressource pour les parents

foucherconnect.fr/24admissionap09

À SAVOIR **Questions du jury**

- Que vous inspire ce titre d'un article de magazine : « Un trouble dys peut en cacher un autre ? »
- La dyslexie concerne, selon l'OMS, 8 à 12 % de la population mondiale.
- De quelle affection parle-t-on ?

FICHE 6

LE HANDICAP CHEZ L'ENFANT

La découverte du handicap chez l'enfant peut se faire pendant la grossesse, au moment de la naissance ou au cours de son développement.

1 Définition

La loi du 11 février 2005 pour l'égalité des droits et des chances, la participation et la citoyenneté des personnes handicapées définit, dans son article 114, la notion de handicap : « Constitue un handicap, toute limitation d'activité ou restriction de participation à la vie en société subie dans son environnement par une personne en raison d'une altération substantielle, durable ou définitive d'une ou plusieurs fonctions physiques, sensorielles, mentales, cognitives ou psychiques, d'un polyhandicap ou d'un trouble de santé invalidant. »

2 Les différents handicaps

On distingue différents types de handicap.

» **Les handicaps moteurs d'origine cérébrale**

Enfants infirmes moteurs cérébraux (IMC) résultant d'une lésion cérébrale survenue avant, pendant ou peu de temps après la naissance ou d'origine non cérébrale comme les handicaps moteurs temporaires (accidents), définitifs (amputation ou paraplégies) ou évolutifs (myopathies).

» **Les handicaps sensoriels**

Ce sont les déficiences auditives ou visuelles.

» **Les handicaps mentaux d'origine néonatale (souffrance fœtale), postnatale ou génétique**

» Le plurihandicap

C'est une association de deux ou plusieurs handicaps de même degré mais les facultés intellectuelles sont conservées. Par exemple, la surdi-cécité (sourds-aveugles) tient une place particulière dans ce type de handicap.

» Le polyhandicap

C'est un handicap grave dit « à expressions multiples », c'est-à-dire qu'une déficience mentale sévère et une déficience motrice sont associées à la même cause ayant pour effet une restriction extrême de l'autonomie.

3 Les différentes causes

Pour la plupart des handicaps, les causes sont multiples, et inconnues dans 30 % des cas.

A| Le handicap moteur

Il peut être dû à une lésion cérébrale avant, pendant ou autour de la naissance, à une cause accidentelle ou à une cause génétique (telle que les myopathies).

B| Le handicap mental

Il peut être génétique comme le syndrome de Down (ou la trisomie 21) ; accidentel pendant la grossesse due à une infection virale ou parasitaire (rubéole, toxoplasmose) ou à une intoxication (tabac, alcool), au moment de la naissance (souffrance fœtale, prématurité) ou après la naissance (maladie infectieuse, chute, accident).

Les chercheurs expliquent la persistance de déficiences graves chez l'enfant par les progrès de la prise en charge de la grande prématurité, qui augmentent les chances de survie de naissance à des âges gestationnels de plus en plus précoces mais qui occasionnent des séquelles parfois très lourdes.

4 Les chiffres-clés (Inserm 2018)

Les données chiffrées sur le handicap dépendent de critères si nombreux qu'il n'existe pratiquement aucune information sur le sujet, aucune vue d'ensemble de la population des enfants de moins de 6 ans.

- 15 000 enfants naissent chaque année avec un handicap (soit 2 % des naissances) dont la moitié avec des déficiences sévères.
- 6 000 enfants par an naissent avec un handicap mental, dont 1 000 atteints du syndrome de Down.

- 391 000 enfants en situation de handicap étaient scolarisés en 2017, dont 80 % en milieu ordinaire et 20 % en établissements spécialisés. De plus en plus d'enfants sont accueillis dans les établissements hospitaliers ou médicosociaux.

5 Les actions gouvernementales

A| La prévention par le dépistage

1| Pendant la grossesse

Dépistage anténatal des malformations congénitales, évaluation et prise en charge des risques d'accouchement prématuré et une meilleure appréciation du pronostic neurologique des grands prématurés.

2| Pendant les 3 premières années de la vie

Certains handicaps moteurs, les déficiences sensorielles et les troubles envahissants du développement peuvent être détectés.

3| Les examens obligatoires du carnet de santé

Ils permettent non seulement de prendre en charge l'enfant aussi tôt que possible mais également d'informer les parents sur les structures d'accueil et de soins, notamment les centres d'action médico-sociale précoce (CAMSP) qui sont chargés d'une mission de dépistage et d'aide aux familles.

B| La prise en compte des familles

Certaines associations de familles traitent de la reconnaissance de la place naturelle des parents, de leur besoin d'être associés au diagnostic et de recevoir des réponses. Leur implication dans le handicap de leur enfant permet une diminution des effets pathogènes liés au stress, une meilleure relation avec l'enfant et une moindre atteinte à l'équilibre familial.

C| La scolarisation

La loi du 11 février 2005 pour l'égalité des droits et des chances, la participation et la citoyenneté des personnes handicapées soutient le droit de chaque enfant à une scolarisation en milieu ordinaire au plus près de son domicile et à un parcours scolaire continu et adapté.

La scolarisation des enfants handicapés repose sur un projet personnalisé de scolarisation (PPS), définissant les modalités de déroulement de la scolarité. Il doit être élaboré en lien avec la Maison départementale des personnes handicapées (MDPH).

Le but de cette intégration est de favoriser l'épanouissement personnel et intellectuel de l'enfant. Tout enfant en situation de handicap peut être scolarisé à l'école maternelle, dès l'âge de 2 ans, si sa famille en fait la demande. Des **accompagnants d'élèves en situation de handicap (AESH)** ont pour mission de les suivre dans leur vie quotidienne, dans leurs activités pédagogiques et dans leur vie sociale. Ces mesures d'accompagnement (matériels scolaires ou transports adaptés, présence d'un AESH) sont décidées par la Commission des droits et de l'autonomie des personnes handicapées (CDAPH).

La scolarisation peut être individuelle ou collective, en milieu ordinaire ou en établissement médico-social.

En matière de petite enfance, le décret du 1er août 2000 régissant les modes d'accueil d'enfants de moins de 4 ans décrète « les établissements concourent à l'intégration des enfants présentant un handicap ou atteints d'une maladie chronique qu'ils accueillent… » Une charte de l'accueil d'enfants en situation de handicap a été signée par de nombreuses communes.

54 % des enfants en situation de handicap de moins de trois ans sont gardés exclusivement par leurs parents, contre 32 % pour les autres enfants. Sur les 24 % accueillis en crèches, 1/3 ne le sont qu'à temps très partiel.

Le nouveau décret du 25 août 2021 (loi ASAP) introduit la notion de référent « Santé et Accueil inclusif », pour un accueil individualisé et inclusif de chacun des enfants, notamment ceux présentant un handicap ou atteints d'une maladie chronique.

 # presse
Les outils et méthodes d'intervention
foucherconnect.fr/24admissionap10

Tout enfant handicapé a droit à un PPS.

Dans un arrêt du 17 janvier, la cour d'appel d'Amiens (Somme) rappelle l'obligation pour les maisons départementales des personnes handicapées (MDPH) de produire un projet personnalisé de scolarisation (PPS) à chaque fois qu'elles doivent statuer sur l'orientation scolaire d'un enfant en situation de handicap.

À SAVOIR Questions du jury

- La manière dont une société se préoccupe de ceux qui sont les plus vulnérables traduit à la fois les valeurs qui la fondent et la manière dont elle met en pratique ces valeurs. Quelle réflexion cette pratique vous suggère ?
- Quel est l'intérêt d'intégrer des enfants handicapés dans le système scolaire classique ?

FICHE 7

LE CANCER

Depuis 2004, le cancer représente la première cause de mortalité prématurée en France, première chez l'homme et deuxième chez la femme. La transformation d'une cellule normale en une cellule cancéreuse est un processus long et complexe

Thèmes associés : hygiène de vie, obésité, tabagisme, alcoolisme, addictions, soins palliatifs, recherche médicale.

1 Définition

Le terme « **cancer** » regroupe des maladies se caractérisant par la multiplication et la propagation anarchiques de cellules qui deviennent anormales.

À la suite d'un dysfonctionnement (mutation, anomalie), certaines cellules de l'organisme sont altérées sans pouvoir être réparées et produisent une lésion majeure au niveau de l'ADN. Ces **cellules déréglées** se multiplient ensuite de façon anarchique et prolifèrent pour former une tumeur d'abord localement, puis dans le tissu avoisinant. Au fil de leurs multiplications successives, certaines cellules cancéreuses s'échappent de leur tissu d'origine en passant par les vaisseaux sanguins ou lymphatiques, et colonisent ainsi d'autres organes et y fondent des cancers secondaires, appelés **métastases**.

Si les cellules cancéreuses ne sont pas éliminées, l'évolution de la maladie mène plus ou moins rapidement au décès de la personne touchée.

 # vidéo
Tout savoir sur le développement d'un cancer
foucherconnect.fr/24admissionap23

2 Les origines

Un cancer peut être dû à des **facteurs internes** :

- l'âge : le vieillissement ;
- l'hérédité : mutations ou variations génétiques transmises.

Il peut également être dû à des **facteurs externes** :

- liés au mode de vie : tabac, alcool, alimentation ;
- liés à l'environnement : rayonnement solaire, pollution ;
- liés au monde professionnel : produits industriels, amiante ;
- liés à certaines infections : virus, bactérie, parasite ou dérèglements hormonaux.

Le cancer peut se déclarer des années après une exposition à un de ces facteurs externes.

Le premier **facteur de risque** est le tabac (19,8 % des cancers : 45 000 décès) ensuite l'alcool (8 %) ; une alimentation déséquilibrée, le surpoids, l'obésité (5,4 %) ; l'exposition à certains agents infectieux (4 %), à certaines substances professionnelles cancérigènes (3,6 %).

Ces facteurs peuvent agir ensemble mais également de manière décalée et donc enclencher ou favoriser le développement du cancer.

3 Les différents types de tumeurs

Une **tumeur** est une masse de cellules qui peuvent être cancéreuses ou non. On parle alors de tumeurs **malignes** (cancéreuses) ou **bénignes** (non cancéreuses).

Une tumeur maligne (masse de cellules cancéreuses) se constitue petit à petit dans l'organe de départ du cancer. La tumeur grandit et envahit les tissus voisins de proche en proche.

Les tumeurs bénignes peuvent atteindre un certain volume et exercer une pression sur des organes ou des tissus sains. Mais, au contraire des tumeurs malignes, elles ne les envahissent pas et ne vont pas disséminer.

4 Le processus

Quatre étapes sont généralement vues lors d'un cancer :

- la maladie débute par une lésion précancéreuse qui contient des cellules en cours de transformation et qui ne deviendra pas forcément un cancer ;
- une cellule cancéreuse apparaît et commence à se multiplier. La tumeur est de petite taille et reste dans le tissu d'origine ;
- la tumeur grossit et envahit les tissus voisins ;
- les métastases apparaissent, se localisent d'abord dans les ganglions lymphatiques puis dans les autres organes.

La maladie suit généralement **4 stades** :

- le **stade 1** correspond à une tumeur unique et de petite taille ;
- le **stade 2** correspond à un volume local plus important ;

- le **stade 3** correspond à un envahissement des ganglions lymphatiques ou des tissus avoisinants ;
- le **stade 4** correspond à une extension plus large dans l'organisme sous forme de métastases.

5 Les différents types de cancers

Quel que soit le lieu où il est situé, un cancer est toujours déterminé par son **tissu d'origine**.

Exemples

- Un cancer de la prostate qui envoie des métastases dans les os ne se transforme pas en cancer de l'os, c'est le cancer de la prostate qui se dissémine.
- Un cancer osseux, lui, ne peut se développer qu'à partir de cellules osseuses et il s'agit alors d'une maladie complètement différente.

Chaque type de cancer a ses **caractéristiques propres** : un cancer du sein est une maladie complètement différente d'un cancer du poumon. Ils se développent à des vitesses différentes, et répondent à des traitements différents.

On sait aujourd'hui qu'il n'existe pas « un » cancer par organe mais une multitude de **sous-types de cancers**. Le traitement doit donc toujours être adapté aux caractéristiques particulières de chaque cancer.

6 Les chiffres-clés (INCa 2022)

- 1re cause de mortalité en France (30 % des décès) devant les pathologies cardiovasculaires.
- 382 000 nouveaux cas estimés par an : 54 % chez l'homme et 46 % chez la femme.
- Âge médian au diagnostic : 68 ans chez l'homme et 67 ans chez la femme.
- Chez l'homme, les cancers plus fréquents sont, par ordre, la prostate 25 %, le poumon 15 %et le côlon-rectum 11 % mais c'est le cancer du poumon qui cause le plus de décès.
- Chez la femme, c'est le cancer du sein (33 %) suivi du côlon-rectum (11 %) et du poumon (8,5 %).
- Baisse du nombre de décès : 157 400 décès en 2018 : - 2 % chez l'homme (57 %) et 0,7 % chez la femme (43 %).
- La survie à 5 ans varie selon la localisation : + 21 points pour le cancer de la prostate (72 % en 1990 à 93 % en 2015) ; + 9 points pour le cancer du sein (88 %) ; – 3 points pour celui du col de l'utérus (63 %).

- 63,5 % des personnes souffrent de séquelles et 20 % ne travaillent plus 5 ans après.
- Chez les enfants de 0 à 15 ans, le cancer représente environ 1 780 nouveaux cas par an. La moitié des cancers de l'enfant survient avant l'âge de 5 ans. Le taux de survie est de 92 % 1 an après le diagnostic et 82 % 5 ans après le diagnostic.
- Les principales localisations chez les moins de 15 ans sont les leucémies (29 %), les tumeurs du système nerveux central (25 %) et les lymphomes (10 %).

7 Traitements et prévention

A| La prévention

L'**hygiène de vie** : les experts considèrent que 40 % des cancers pourraient être évités en modifiant certains comportements : ne pas fumer, modérer sa consommation d'alcool, avoir une alimentation diversifiée et équilibrée, surveiller son poids, pratiquer une activité physique régulière et éviter l'exposition aux rayonnements UV.

Il existe déjà **deux vaccins** qui protègent contre des virus responsables du développement de certains cancers :

- le vaccin contre le virus de l'hépatite B (cancer du foie) ;
- le vaccin contre le papillomavirus (cancer du col de l'utérus).

Par ailleurs, les chercheurs travaillent à la mise au point d'un autre type de vaccin, dit thérapeutique, pour soigner des cancers déjà diagnostiqués ou éviter leur récidive.

B| Le dépistage

Le but du dépistage est de **mettre en évidence une anomalie le plus tôt possible**, en l'absence de signes, avant que la maladie ne s'aggrave : une mammographie, par exemple, peut permettre de déceler des lésions dans le sein, trop petites pour être perçues à la palpation.

La détection précoce des cancers de la peau et notamment du plus grave d'entre eux, le mélanome, est recommandée aux personnes considérées comme à risque.

En France, trois types de cancers font l'objet d'un dépistage organisé par les pouvoirs publics : le cancer du sein (participation au dépistage en baisse : –13 % entre 2011 et 2020) ; le cancer colorectal (participation très insuffisante : 45 %) et le cancer de l'utérus. La participation au dépistage (organisée depuis 2020) diminue avec l'âge alors que ce cancer pourrait être évité dans 90 % des cas.

Par ailleurs, les techniques actuelles d'imagerie (scanner, IRM, PET-scan) permettent de réaliser des bilans extrêmement précis qui guident le chirurgien ou le radiothérapeute.

C| Les traitements

Aujourd'hui, un cancer sur 2 est guéri.

Un cancer peut être soigné par un ou une combinaison de plusieurs traitements (chirurgie, radiothérapie, chimiothérapie, hormonothérapie, immunothérapie ou les nouveaux traitements ciblés qui s'attaquent surtout aux cellules cancéreuses et perturbent moins les cellules normales).

De nombreux progrès ont été accomplis avec la mise au point de thérapies ciblées qui permettent à certains patients de bénéficier de traitements « sur-mesure ».

On compte **47 thérapies ciblées dans 19 types de cancers**. Une même thérapie ciblée peut être prescrite dans plusieurs types de cancers présentant une anomalie commune.

À côté des traitements traditionnels, émergent les nouveaux traitements d'immunothérapie spécifique : en 2020, 51 684 patients ont été traités par des inhibiteurs de points de contrôle (+ 42 % par rapport à 2019).

Le retour à l'emploi après les traitements reste difficile.

8 La recherche

La recherche sur les cancers mobilise environ **6 000 chercheurs, enseignants et techniciens** en France, soit plus de 700 équipes œuvrant dans des disciplines différentes et complémentaires : biologie, clinique, sciences humaines et sociales, épidémiologie, santé publique, etc.

 # info
Les dernières avancées
foucherconnect.fr/ 24admissionap24

La recherche sur les cancers vise à mieux comprendre les mécanismes de la maladie, à la prévenir, à la dépister au plus tôt et à mieux la soigner. Elle a pour principal objectif d'améliorer les connaissances qui permettront de réduire la fréquence et la mortalité des pathologies cancéreuses, et d'améliorer la qualité de vie des patients, pendant et après leur maladie, *via* des traitements plus efficaces et moins toxiques.

9 Les mesures gouvernementales

A| Les Plans cancer

Le **premier Plan cancer 2003-2007** a créé l'Institut national du cancer (INCa) pour traiter la globalité de la question : de la recherche à l'après cancer.

Le **Plan cancer 2009-2013** a mis l'accent sur la personnalisation des prises en charge et le déploiement des innovations thérapeutiques.

Le **Plan cancer 2014-2019** a inscrit 17 objectifs parmi lesquels : répondre aux besoins et aux attentes des personnes malades, de leurs proches et de l'ensemble des citoyens ; guérir plus de personnes ; préserver la continuité et la qualité de vie ; investir dans la prévention et la recherche ; optimiser le pilotage et les organisations de la lutte contre les cancers.

Il a notamment instauré le droit à l'oubli pour les malades.

Une **stratégie décennale 2021-2030** de lutte contre le cancer succède à ces plans. Son objectif étant de réduire considérablement le poids des cancers dans le quotidien des français, elle se compose de 4 axes prioritaires, déclinés en plus de 240 actions concrètes :

- axe 1 : améliorer la prévention ;
- axe 2 : limiter les séquelles et améliorer la qualité de vie ;
- axe 3 : lutter contre les cancers de mauvais pronostic ;
- axe 4 : s'assurer que les progrès bénéficient à tous.

B| Cas particulier de la période pandémique

D'après Axel Khan (1944-2021), généticien et président de la Ligue contre le cancer, près de 100 000 cas n'ont pas été dépistés en 2020 à cause de la pandémie de coronavirus. Il ajoutait : « Les conséquences en termes de vies perdues seront considérables : 30 à 50 % des cancers n'ont pas été diagnostiqués et chaque mois de retard, diminue de 10 % les chances de guérison. Il y aura donc des milliers de morts supplémentaires par cancer dans les cinq ans à venir, liés à cette crise. »

 # info
Déprogrammation d'opérations et perte de chance pour les patients
foucherconnect.fr/ 24admissionap25

 # info
L'INCa anime un groupe national de pilotage : Cancer et Covid-19
foucherconnect.fr/ 24admissionap26

À SAVOIR Questions possibles

- Tabac : victimes de la fumée des autres. Un rapport révèle les méfaits du tabagisme passif. En France, il fait près de 3 000 morts par an. Il accroît les risques de cancers et d'accidents cardiaques chez l'adulte. Commentez.
- En quoi l'éducation à la santé permet-elle de devenir acteur de santé ?

FICHE 8

LE SUICIDE CHEZ LES JEUNES

Selon le rapport de l'Observatoire national du suicide publié en février 2018, le taux de suicide en France a diminué de 26 % entre 2013 et 2014 mais il reste l'un des plus élevés d'Europe. Le suicide représente la deuxième cause de mortalité des 15-24 ans (16 % des décès), après les accidents de la route.

Thèmes associés : le handicap, les toxicomanies, l'alcoolisme, le chômage, la dépression, la discrimination, les comportements alimentaires.

1 Définition

Les différentes études sur le sujet différencient les pensées suicidaires, les tentatives de suicide et les suicides aboutis :

- les **pensées suicidaires** ou idées suicidaires sont les pensées tournant autour du suicide (idées, impulsions, tentations, décisions, plans, formulés ou non) ;
- les **tentatives de suicide (TS)** sont les tentatives de se donner la mort qui n'aboutissent pas, mais qui conduisent souvent à une hospitalisation ou à une consultation médicale. On parle de **suicidants** ;
- les **suicidés** sont les personnes s'étant volontairement donné la mort. L'Institut national de la recherche médicale (Inserm) rassemble et comptabilise les informations concernant l'ensemble des décès par suicide et leur cause. On parle aussi de **suicide accompli** ou abouti.

On appelle comportement suicidaire chez un individu une succession de comportements mettant sa vie ou sa santé en danger.

2 La période de l'adolescence

L'adolescence est une période de grande fragilité car le jeune subit des transformations physiques et psychologiques rapides et importantes au moment de la puberté.

A| Les transformations physiques

Le jeune ressent les premiers changements avec le développement de ses organes sexuels externes et les bouleversements hormonaux qui les accompagnent. Cette période de mutation s'accompagne d'une angoisse plus ou moins grave et très souvent d'un grand sentiment d'insécurité.

B| Les transformations psychologiques et sociales

On retrouve 3 attitudes caractéristiques :

- l'**ouverture vers autrui** : le jeune crée des sentiments forts avec ses camarades et découvre la capacité à aimer et à séduire. Il a besoin de ses amis, il ne se sent compris que par eux et rejette toute manifestation d'affection de ses proches ;
- l'**affirmation de son identité** : il partage les valeurs (parfois très fortes) de son groupe d'amis. Il a une loyauté sans faille vis-à-vis d'eux, surtout entre jeunes du même sexe. Ils partagent les mêmes passions (musique, sport...), les émotions sont exacerbées, aussi bien l'amour que la haine et la trahison sont vécues comme intolérables ;
- le **repli sur soi** : l'adolescent est secret, renfermé, pudique sur ses sentiments. Il n'admet aucune intrusion de sa famille dans sa vie privée.

Parfois, l'adolescent qui n'a pas confiance en lui, qui n'accepte pas les modifications de son corps ou qui n'a pas réussi à se faire d'amis « réels », a tendance à s'isoler, à passer ses journées enfermé, le plus souvent sur Internet ou sur des jeux vidéo.

C| La tentative de suicide : une crise d'adolescence ?

Toute modification de comportement de l'adolescent est à prendre en compte, notamment lorsqu'il s'agit d'un **changement progressif et durable** : baisse de l'activité physique, tristesse, pleurs fréquents, colères irraisonnées, insomnies, modification de l'appétit...

Une tentative de suicide chez un adolescent n'est jamais une conduite anodine à mettre sur le compte d'une « crise d'adolescence » : c'est l'**expression d'une souffrance** avec un réel risque de passage à l'acte et de récidive. Elle ne doit jamais être banalisée, si minime soit-elle dans sa dangerosité.

3 Les facteurs de risque

De nombreux professionnels se rejoignent pour définir **3 types de facteurs de risque** :

- les facteurs de risque **primaires** : avoir des antécédents de troubles mentaux ou de dépression, des antécédents familiaux de suicide, avoir déjà fait une tentative de suicide ou en avoir exprimé l'intention ;

– les facteurs de risque **secondaires** : l'isolement social, la perte précoce d'un ou des deux parents, avoir subi de la violence, de la maltraitance ou des sévices, l'alcoolisme et la toxicomanie, le handicap ;
– les facteurs de risque **tertiaires** : le jeune âge, le sexe masculin qui est prédominant dans les actes de suicide, les pratiques numériques qui ont parfois pour effet de réduire la durée de sommeil des adolescents, de diminuer leur activité physique et de les surexposer aux médias et expose les plus vulnérables à la souffrance et au risque suicidaire : 88 % des jeunes ont accès aux réseaux sociaux et les utilisent.

4 Les facteurs précipitants

Ce sont les événements que le jeune doit affronter et qui peuvent être un élément déclencheur à un moment donné : échec scolaire, rupture amoureuse, humiliation, harcèlement, suicide d'un pair qui peut entraîner un risque de « contagion » et être amplifié par le biais des outils numériques, notamment des réseaux sociaux.

D'après la Fédération hospitalière de France (FHF), « en France, 40 % des élèves disent avoir subi une agression en ligne. Parfois, ces agressions se transforment en lynchage en règle. Et le harcèlement des adolescents par d'autres jeunes est bel est bien lié à un risque accru d'idées suicidaires et de tentatives de suicide chez les victimes ».

5 Les signes d'alerte

Toute allusion au suicide est à prendre au sérieux. Les messages peuvent être de plusieurs ordres :

- les **messages directs** : des expressions d'idées suicidaires (« je vais me foutre en l'air, vous aurez bientôt la paix, je ne vous embêterai plus longtemps »…) ;
- les **messages indirects** : des allusions plus ou moins déguisées au suicide (« je ne vaux rien, je déçois tout le monde, ma vie n'a pas de sens, je ne compte pour personne »…) ;
- les **signes de dépression** : tristesse, anxiété, fatigue, troubles du sommeil (insomnie/hypersomnie), troubles de l'appétit (anorexie/boulimie), perte d'intérêt et de plaisir pour des activités, retrait, recherche de solitude, mutisme.

Chez les moins de 15 ans, les passages à l'acte demeurent exceptionnels mais leur nombre serait largement sous-estimé selon le psychiatre Boris Cyrulnik : « Les comportements à risque enfantins, tels que le jeu de se pencher par la fenêtre ou de se faire frôler par les voitures, cachent des tentations suicidaires. Les adultes préfèrent souvent y voir des accidents parce que l'idée du suicide d'un enfant est insupportable… Un enfant n'a pas une conception de la mort comparable à celle d'un adolescent ou d'un adulte. Un enfant de 5 ans qui se donne la mort ne pense pas qu'il va mourir. Il n'a pas la notion adulte de la mort. Ce qu'il cherche, c'est l'immobilité, le temps que les choses s'arrangent. »

6 Les chiffres-clés (ministère de la Santé 2020)

A| Tous âges confondus

- 9 000 décès par suicide chaque année (soit 25 décès par jour, plus d'1 par heure). Ce chiffre est annoncé sous-estimé de 10 %.
- Le suicide concerne tous les âges mais il est nettement plus élevé chez les hommes (surtout dans la tranche 45-54 ans) et les personnes âgées (les taux doublent après 75 ans).
- 220 000 tentatives de suicide prises en charge par les urgences (685 par jour).
- Le plus grand nombre de suicides concerne les hommes (3,7 fois supérieur) mais les femmes font plus de tentatives de suicide. Les méthodes principales sont la pendaison, les armes à feu, les médicaments.
- 5 % des 18-75 ans de la population générale ont pensé à se suicider au cours des 12 derniers mois et 7 % déclarent avoir fait une TS dans leur vie : 1/3 de ces pensées sont attribuées à des raisons professionnelles.

B| Chez les 16-25 ans

1| La mortalité

- C'est la deuxième cause de mortalité (17 % du total des décès de cette classe d'âge) derrière les accidents de la circulation.
- En 2015, près d'un lycéen sur dix (9,5 %) a déclaré avoir fait au moins une tentative de suicide au cours de sa vie, 3 % en ayant fait plusieurs.
- Le suicide accompli touche majoritairement les 18-25 ans.
- Les admissions d'adolescents pour tentatives de suicide augmentent. L'âge moyen de la première tentative ne cesse de diminuer (13,6 ans pour les filles et les garçons).
- À 17 ans, près de 21 % des filles et près de 9 % des garçons ont déjà tenté de se suicider mais le nombre d'hospitalisations a diminué (89 000 par an en 2017 contre 100 000 en 2008).

2| Le mode de suicide

- La pendaison est le premier moyen (36 %), mais les armes à feu occupent une place importante (31 %), suivies de loin par l'intoxication (10 %) et la noyade (2 %).
- Les garçons de 15-24 ans, comme les hommes en général, utilisent plus des moyens violents (74 % se suicident par la pendaison ou une arme à feu) alors que les filles ont généralement recours à des modes plus diversifiés (27 % par pendaison, 25 % par intoxication, 19 % par précipitation, 15 % par arme à feu).

- Les tentatives de suicide sont réalisées à l'aide de médicaments dans 90 % des cas, dont 50 % par les tranquillisants.

C | Chez les moins de 15 ans

- On note entre 30 et 100 décès chaque année (environ 4 % des décès des 5-14 ans).
- L'épidémiologie des suicides des enfants de 5 à 12 ans est floue. Les suicides aboutis sont rares mais on peut penser qu'un grand nombre d'accidents sont des analogues suicidaires.
- Avant l'âge de 13 ans, 16 % des enfants pensent que la mort pourrait être une solution à leurs problèmes de famille, d'école ou de relations amicales. La tentative de suicide de l'enfant est souvent déclenchée par un simple conflit.
- Les enfants emploient des moyens suicidaires violents : pendaison, strangulation, défenestration.

7 La prévention en amont

Il s'agit de repérer les adolescents à risque. Plusieurs initiatives existent :

- le **dépistage par auto-questionnaire** à remplir en classe, avec l'accord des parents et de l'enfant ;
- la **formation de sentinelles** au repérage de jeunes : programme visant à donner aux adultes ou aux adolescents la capacité et les connaissances nécessaires pour identifier les jeunes à risque et engager les décisions appropriées ;
- d'autres types de **programmes** qui visent à **améliorer les connaissances en santé mentale des adolescents**, dont celles sur le suicide, et à faciliter le dialogue entre pairs et entre jeunes et adultes ;
- des **dispositifs de prévention** du suicide mis en place sur le Web : soit des outils d'autoévaluation en ligne sans aucune intervention humaine, soit des dispositifs de prévention, mis en place sur les réseaux sociaux, avec des modérateurs… ;
- des **équipes mobiles de pédopsychiatrie** qui vont vers les jeunes déscolarisés ou isolés (milieu rural) ;
- des **lieux d'accueil et d'écoute anonymes et gratuits** sont accessibles ainsi que des sites internet : Fil santé jeune et Suicide Écoute, les maisons des associations… ;
- une plateforme téléphonique gratuite ouverte 24/24 et 7/7 : le 3114.

 # info
Fil santé jeune
foucherconnect.fr/24admissionap12

 # info
Suicide écoute
foucherconnect.fr/24admissionap13

8 La prise en charge après une tentative de suicide

Le risque majeur après une TS est la récidive : selon la Haute Autorité de santé (HAS), un tiers des suicidants récidive dans la 1re année et 1 à 2 % d'entre eux décèdent.

A| La prise en charge hospitalière

La prise en charge est hospitalière lorsque le risque de récidive est avéré, dans les cas de pathologie psychiatrique avérée ou suspectée, si l'environnement extérieur est hostile ou lorsque l'adolescent le souhaite.

B| La prise en charge ambulatoire

Dans les autres cas, après évaluation, la prise en charge peut être ambulatoire par des psychiatres, des travailleurs sociaux, des centres médico-psychologiques (CMP) afin de poursuivre l'évaluation et les soins éventuels et mettre en place un suivi.

C| La réduction de l'accès aux moyens de « passage à l'acte »

Il s'agit de réviser les législations sur l'accès aux armes à feu, la distribution de médicaments dangereux, la sécurisation des ponts et monuments, des voies de transport, etc. Cette stratégie repose sur l'idée que les difficultés d'accès à un moyen fatal font gagner du temps, et que ce temps peut permettre aux personnes suicidaires de changer d'avis.

9 Les mesures gouvernementales

- **En 2016** : création du Conseil national de la santé mentale dont une des priorités est le bien-être des jeunes et la prévention du suicide.
- **En 2018** : renouvellement pour 5 ans de L'Observatoire National du Suicide créé en 2013.
- **En 2021** :
  - Mise en place du 3114,
  - Décision n° 2021.0234/DC/SBP d'adopter les recommandations de bonnes pratiques intitulées « Idées et conduites suicidaires chez l'enfant et l'adolescent : prévention, repérage, évaluation, prise en charge » notamment :
  - les enfants et adolescents ayant fait une tentative de suicide récente, ou présentant un haut niveau d'urgence suicidaire doivent être orientés vers les urgences, ceux qui présentent un niveau d'urgence suicidaire moyen à faible vers un dispositif de soins de deuxième ligne ; les idées suicidaires ne doivent pas être banalisées ;

– le repérage du risque suicidaire repose sur une écoute active et un questionnement direct du patient ; parler du suicide n'est pas incitatif au passage à l'acte ; l'évaluation d'une crise suicidaire repose sur l'estimation du niveau d'urgence et de vulnérabilité.

- **En 2022** : la campagne de sensibilisation « #JenparleA » lancée en 2021 par Santé publique France, en partenariat avec Fil Santé jeunes a été enrichie et a reçu un très bon accueil : + 54 % de visites quotidiennes, + 48 % d'heures quotidiennes de navigation, + 29 % de messages tchat quotidiens traités pour difficultés psy par Fil Santé Jeunes.

 # info
Santé mentale des adolescents : une campagne entièrement digitale pour les inciter à en parler
foucherconnect.fr/24admissionap27

 # info
Conduites suicidaires chez l'enfant et l'adolescent
foucherconnect.fr/24admissionap14

À SAVOIR Questions possibles

- Le suicide fait autant de victimes que le sida et les accidents de la route réunis. Quels peuvent être les moyens de prévention ?
- Comment se comporter lorsque l'adolescent exprime une souffrance et que certains éléments font craindre un passage à l'acte ?

FICHE 9

LE DON D'ORGANES

De la naissance à l'âge le plus avancé, les besoins en greffon ne cessent de croître. Cette hausse de la demande est liée à une technicité médicale de mieux en mieux maîtrisée permettant d'envisager une greffe dans des situations de plus en plus diverses. Cependant, le don d'organes n'est pas suffisamment pratiqué en France et reste un sujet délicat.

Thèmes associés : les maladies chroniques, la bioéthique, la mort.

1 Définition

Une greffe (ou transplantation) est le remplacement dans le corps humain d'un organe défectueux. On peut parler :

- d'**autogreffe** : le greffon provient du patient lui-même ;
- d'**allogreffe** (ou homogreffe) : le greffon provient d'un donneur ;
- de **xénogreffe** : le greffon provient d'une autre espèce (par exemple animale) ; ce type de greffe n'est pas viable à ce jour.

2 Le donneur d'organes

Tout sujet en état de mort encéphalique est un donneur potentiel. Il n'y a pas de limite d'âge : ce sont les circonstances du décès, les examens des sérologies et des antécédents médicaux qui valident la possibilité de don d'organes et de tissus.

IMPORTANT

La mort encéphalique est l'arrêt de toute activité cérébrale suite à un accident vasculaire cérébral, un arrêt cardiaque ou un traumatisme crânien. Cet état est irréversible car le cerveau est irrémédiablement détruit.
Pour une bonne conservation des organes, la circulation sanguine, la température du corps et la respiration par assistance respiratoire doivent être maintenues. Parfois, cela n'est possible que pendant quelques heures. Le seul critère est la qualité des organes prélevables.

3 L'anonymat et la gratuité

L'équité du système repose sur plusieurs principes :

- toute rémunération en contrepartie du don est interdite ;
- le nom du donneur ne peut pas être révélé au receveur et, de même, le nom du ou des receveurs ne peut pas être communiqué à la famille du donneur. Toutefois, celle-ci peut être informée des organes et des tissus qui ont été prélevés ainsi que du résultat des greffes.

4 Le consentement présumé

Le don d'organes repose, depuis la loi Caillavet de 1976, sur le principe du « consentement présumé » : chaque Français est considéré comme un donneur potentiel après sa mort, à moins de s'y être opposé de son vivant en s'étant inscrit (par courrier) dans le Registre national des refus, ce registre devant être obligatoirement consulté par les médecins. Si rien n'est indiqué, ils se tournent ensuite vers la famille pour que celle-ci accepte ou refuse le prélèvement.

Depuis janvier 2017, les personnes refusant le don peuvent s'inscrire (en ligne) sur le Registre national des refus géré par l'Agence de la biomédecine. La décision est modifiable à tout moment. Si aucune démarche n'est connue, ce sont toujours les proches qui sont interrogés.

À savoir : un enfant a accès dès 13 ans au Registre national des refus.

5 Le receveur

C'est le médecin qui inscrit son patient sur la liste d'attente gérée par l'Agence de la biomédecine. Les malades pouvant être amenés à recevoir une greffe d'organes sont les personnes atteintes de malformation cardiaque, de mucoviscidose, d'insuffisance rénale terminale, de certains cancers en fonction de l'évolution de la maladie, de l'efficacité des traitements prescrits, de l'état de santé général du malade.

La greffe d'organes peut même représenter pour certaines pathologies le seul traitement, mais l'attente peut parfois durer des mois, voire des années, augmentant le risque de décès faute de greffe.

6 Les organes et les tissus greffés

» Le **prélèvement de son vivant** : principalement les cellules de moelle osseuse ; le rein ; la peau et des fragments osseux ; un lobe hépatique ou un lobe pulmonaire (exceptionnel).

» Le **prélèvement après la mort** : cœur, foie, rein ; bloc cœur-poumon ; poumon, pancréas.

7 Le circuit du don à la greffe

L'Agence de la biomédecine orchestre 24 heures sur 24 l'attribution des organes, au travers du Pôle national de répartition des greffons en fonction :

- des priorités médicales (des critères d'urgence sont définis pour les enfants, les receveurs dont la vie est menacée à très court terme, les receveurs pour lesquels la probabilité d'obtenir un greffon est très faible) ;
- des déplacements géographiques auxquels sont soumis les greffons.

Une intervention chirurgicale permet de prélever les organes et les tissus. Les organes sont conditionnés à 4 °C, puis transportés très rapidement vers les hôpitaux où sont pratiquées les transplantations. Les tissus sont conservés dans des banques qui gèrent leurs distributions.

8 Le don de son vivant

La loi autorise le don et le prélèvement d'organes ou de tissus de son vivant pour les organes qui se régénèrent (comme le foie) ou pour lesquels on peut vivre avec une partie seulement (rein, poumon). Ce don ne peut se faire que :

- dans un intérêt thérapeutique ;
- pour une personne appartenant à sa famille, sa famille élargie, la personne avec laquelle on vit en couple depuis au moins 2 ans, ou toute personne avec laquelle on entretient un lien affectif et stable depuis au moins 2 ans ;
- après avoir été informé des risques encourus ;
- après avoir exprimé son consentement devant le président du tribunal de grande instance.

Aucun prélèvement n'est autorisé sur les mineurs.

 # info
Journée mondiale du don d'organes
foucherconnect.fr/24admissionap15

9 Les chiffres-clés (données 2023)

- 6 948 greffes d'organes réalisées (25 % d'augmentation en 8 ans).
- 26 116 personnes en attente d'une greffe (chiffre également en augmentation).
- 1 924 donneurs d'organes post-mortem (chiffre en baisse) alors que le nombre de morts encéphaliques progresse : 3 539 (+ 2,7 %).
- Sur les greffes réalisées : 3 643 greffes de rein : le rein est l'organe le plus greffé avec une hausse de 53 % sur 20 ans (45 % des personnes atteintes d'insuffisance rénale chroniques ont été greffées) ; 1 355 greffes de foie : la greffe du foie a augmenté de plus de 66 % sur 20 ans ; 425 greffes de cœur : la greffe du cœur diminue en raison de l'amélioration de techniques alternatives ; 384 greffes de poumon : la greffe de poumon a augmenté de 32 % depuis 2010 grâce à des critères de prélèvement redéfinis en profondeur ; 9 greffes cœur-poumon ; 107 greffes du pancréas et 1 des intestins (pratiques plus rares).
- La moyenne d'âge des donneurs reste stable : 58 ans.
- Le taux d'opposition (refus de prélèvement) se maintient autour de 30,5 % depuis la loi de 2017 mais reste très élevé.
- La greffe à partir de donneur vivant est en baisse (– 6 %) avec 525 greffes.

10 Les actions gouvernementales

Les premiers textes de lois relatifs au don d'organes datent de 1887. La législation a rapidement évolué pour aboutir en 1994 à la première **loi de bioéthique**, révisée en 2004 puis modifiée le 7 juillet 2011, faisant du don d'organes une **priorité nationale**.

- **Le décret du 1er janvier 2017** ne modifie pas les 3 grands principes de la loi de bioéthique qui sont le consentement présumé, la gratuité du don, et l'anonymat entre le donneur et le receveur mais précise 3 modalités de refus.
- **Le troisième plan greffe 2017-2021** a pour objectif d'évaluer les besoins des patients pour améliorer la planification de l'offre de soins et viser à l'harmonisation des pratiques d'inscription en liste d'attente.
- Une **journée nationale** dédiée au don et à la greffe d'organes a lieu chaque année le 22 juin depuis plus de 10 ans.

#info
Nouveau décret sur le don d'organes
foucherconnect.fr/ 24admissionap16

- **Adoption définitive du projet de loi bioéthique en 2021** : amélioration de l'accès à la greffe ; le don croisé d'organes prélevés sur personnes vivantes sera facilité ; les possibilités de dons de moelle osseuse de la part d'un mineur ou d'un majeur protégé au profit de ses père et mère seront élargies.

11 Les perspectives

A| Les problématiques rencontrées

La demande de greffe est de plus en plus importante ; elle est due au vieillissement de la population, à l'évolution de la prise en charge médicale des patients et à la découverte de nouveaux traitements antirejet. Les pouvoirs publics ont aussi à lutter contre un trafic d'organe illégal et clandestin.

B| Les solutions alternatives

L'Agence de la biomédecine a également décidé en 2010 d'encourager les greffes rénales à partir de donneurs vivants, une pratique qui était fortement développée dans le nord de l'Europe et dans les pays anglosaxons. Cette stratégie a porté ses fruits puisque celles-ci ont représenté, en 2015, près de 16 % des greffes de rein totales. L'activité a plus que doublé en 5 ans et la barre symbolique des 500 greffes rénales à partir de donneurs vivants a été franchie en 2014.

C| Les avancées technologiques

Les **prothèses artificielles** : de grandes avancées, comme l'imprimante 3D qui permet de réaliser des prothèses ; à ce jour, aux États-Unis, 3 trachées pour bébés et, en test, glande thyroïde, prothèses auditives, peau et tissu musculaire.

Les **appareils d'assistance cardio-circulatoire** sont pour le moment considérés comme des solutions d'attente. De vrais « cœurs artificiels » ont été greffés sur des personnes sans succès mais avec allongement de la durée de vie.

La **thérapie cellulaire** : plusieurs équipes de chercheurs travaillent actuellement à une nouvelle application de la greffe cellulaire qui consiste à réparer un organe en utilisant des cellules souches.

À SAVOIR **Questions possibles**

- « Le don d'organes : le don de vie, quoi de plus beau ! Donner la vie sans penser qu'un jour elle pourrait être rendue. Préserver ce joyau de solidarité qu'est le don bénévole et anonyme ». Que pensez-vous de ce propos ? Développez et argumentez.
- Le don d'organes est gratuit en France contrairement à d'autres pays. Qu'en pensez-vous ?

FICHE 10

LES MALADIES MENTALES

Les troubles psychiques et les épisodes de souffrance psychique concernent toutes les populations sans distinction d'âge, de sexe ou de milieu social. Ils sont associés à une forte mortalité. Ils peuvent mettre la personne en situation de handicap et détériorer sa qualité de vie ainsi que celle de ses proches. C'est une cause majeure de santé publique.

Thèmes associés : la santé mentale, le handicap, le suicide.

1 Définition

Les maladies mentales touchent au psychisme de l'individu et affectent ses pensées ou son comportement. Les origines de ces maladies sont diverses et varient d'une personne à l'autre, mais on peut retrouver des facteurs communs comme le stress environnemental ou les antécédents génétiques. Ces perturbations provoquent différentes sensations de malaises, des bouleversements émotifs et/ou intellectuels, de même que des difficultés de comportement.

2 Les principales maladies

Les **5 maladies mentales** les plus connues sont la **schizophrénie**, les **troubles bipolaires**, la **dépression majeure**, les **troubles de la personnalité** et les **troubles obsessionnels compulsifs (TOC)**. Mais il existe également les troubles de l'alimentation (anorexie, boulimie), les troubles du développement (autisme) et les troubles addictifs (alcoolisme et autres dépendances).

A| La schizophrénie

C'est un trouble cérébral qui affecte la capacité d'une personne à faire la distinction entre la réalité et sa propre perception des événements. La pensée, les comportements et l'humeur sont affectés et peuvent provoquer de fausses interprétations des événements, de l'agitation, voire, dans les cas les plus graves, des hallucinations et des délires.

Les symptômes les plus invalidants sont le retrait social et les difficultés cognitives (problèmes de concentration et de mémoire).

Cette maladie survient habituellement à l'adolescence et s'installe progressivement durant plusieurs années. Le risque suicidaire est très élevé.

B| Les troubles bipolaires (ou psychose maniacodépressive)

Ils se caractérisent par une alternance de périodes d'extrême excitation (manie) et d'autres de dépression dont l'intensité est variable.

Ces épisodes de crises sont entrecoupés de rémissions sans aucun symptôme qui peuvent durer des jours, des mois ou des années et pendant lesquels une vie normale est possible. Perdre le contact avec la réalité et entendre des voix (dans 15 % des cas) sont des troubles que l'on peut observer à la fois en période de manie et de dépression.

Les causes exactes du syndrome maniaco-dépressif sont inconnues. Il s'agit souvent d'une pathologie à tendance familiale.

1| Les épisodes maniaques

Ils sont marqués par une humeur euphorique, une énergie permanente et démesurée, une activité débordante, voire une grande agitation, une surestimation de ses capacités, un sommeil réduit à quelques heures sans entraîner de fatigue, un accroissement de l'appétit sexuel.

La personne pose un jugement erroné sur la réalité et ne s'aperçoit pas du caractère anormal de son état.

2| Les épisodes dépressifs

Ils sont marqués par des symptômes que l'on retrouve dans les autres formes de dépression : tristesse, perte d'intérêt pour toutes choses, irritabilité, troubles du sommeil, manque d'énergie, troubles de la mémoire ou de la concentration, troubles de l'appétit, pensées de mort et de suicide.

C| La dépression majeure

C'est une dépression sévère et persistante qui ne disparaît pas d'elle-même alors qu'elle est souvent associée par l'entourage à une faiblesse ou à une perte de contrôle.

Elle affecte la mémoire, le jugement, et a un impact sur la façon de se sentir, de penser, de manger, de dormir et d'agir.

On retrouve un désintérêt pour les activités habituelles, une modification de l'appétit et du poids, des problèmes de sommeil, une baisse de libido, une sensibilité accrue, une perte d'estime de soi, un manque de concentration, une lenteur d'esprit, de l'anxiété, des idées suicidaires et parfois des hallucinations.

Les personnes qui en sont atteintes doivent être traitées pour éviter que les symptômes ne s'aggravent.

D| Le trouble de la personnalité limite ou « borderline »

C'est une maladie mentale qui affecte l'image de soi, les relations interpersonnelles et l'humeur. La personne a des comportements inadaptés, ses relations avec les autres sont souvent très instables.

Les membres de l'entourage sont amenés à vivre une variété d'émotions souvent intenses : découragement, impuissance, colère, angoisse, peur, etc.

E| Les troubles obsessionnels compulsifs (TOC)

1| Les caractéristiques

Ils touchent jusqu'à 3 % de la population : enfants, adolescents ou adultes.

Ce sont des troubles anxieux caractérisés par des pensées (obsessions) et des comportements (compulsions) inappropriés qui oscillent entre perfectionnisme exagéré et rituels angoissants.

Ce trouble de la pensée et du comportement débute par de l'anxiété et des incertitudes qui, contre toute volonté, se transforment en obsessions, des pensées et des images répétitives.

2| Les obsessions typiques

Elles concernent la peur des microbes, la peur de se blesser, le doute, des pensées récurrentes d'ordre sexuel ou religieux, la peur de commettre des actes scandaleux…

3| Les compulsions typiques

Elles concernent la propreté excessive, le classement, le dénombrement, la répétition sans cesse d'un mot, le besoin de toucher, de vérifier plusieurs fois, de collectionner…

3 Les facteurs de risque

A| Un événement extérieur

Certains événements douloureux peuvent favoriser l'apparition d'une maladie mentale comme la perte d'un être cher, un divorce, la perte d'un emploi, un accident ou une maladie grave, des difficultés économiques, une mauvaise santé physique ou des handicaps.

B| Une origine familiale

Des antécédents familiaux de maladie mentale, une enfance marquée par des abus physiques, sexuels ou psychologiques, des épisodes antérieurs de maladie mentale, des traumatismes psychologiques ou une accumulation importante de stress peuvent également favoriser le développement de troubles mentaux.

C| Une origine biologique

Grâce à la technologie moderne, le fonctionnement du cerveau est de mieux en mieux compris. Certaines substances, identifiées par les chercheurs, comme la sérotonine (un neurotransmetteur), jouent un rôle important dans le développement des maladies mentales telles que la dépression.

4 Les conséquences

Le regard porté sur la maladie mentale est péjoratif : elle fait peur car elle est méconnue, c'est une souffrance soigneusement cachée (on peut côtoyer des personnes atteintes de phobie sans même s'en rendre compte).

Une personne atteinte sur trois seulement consulte un professionnel de la santé ce qui entraîne un retard au diagnostic (jusqu'à 10 ans après les premiers symptômes).

Les maladies mentales s'accompagnent de souffrances importantes pour le patient et ses proches et se traduisent souvent par une désinsertion sociale, familiale et professionnelle. Ces maladies sont responsables de décès prématurés (suicides, addictions, conduites à risque, maladies somatiques).

L'impact économique et social est considérable.

5 Les chiffres-clés 2021

- Première cause mondiale de handicap, les maladies mentales touchent plus d'1 adulte sur 4 en France, soit 27 % de la population.
- 58 % des Français sont affectés de près ou de loin par les maladies mentales.
- 32 % vivent avec des problèmes de santé mentale.
- Près de 23 % des employés ont pris un congé de maladie en raison de problèmes de santé mentale au cours des 12 derniers mois.
- 15 % des 10-20 ans ont besoin d'un suivi ou de soins.
- Les pathologies relevant de la psychiatrie se situent au 3e rang des maladies les plus fréquentes, après le cancer et les maladies cardio-vasculaires.

- 2/3 des Français s'estiment insuffisamment informés sur la santé mentale et les troubles.
- Les troubles mentaux représentent le premier poste de dépenses du régime général de l'assurance maladie par pathologie, avant les cancers et maladies cardiovasculaires, soit 19,3 milliards d'euros.
- 47 % des Français associent les maladies mentales à des dénominations négatives : débile, attardé, aliéné, dément…
- La dépression touche 2,5 millions de Français chaque année, soit 15 % de la population.
- La schizophrénie touche 2 % de la population ; elle représente 20 % des hospitalisations psychiatriques et 1 % des dépenses totales de santé.
- 10 % à 13 % des patients souffrant de schizophrénie se suicident, et 20 % à 50 % commettent des tentatives de suicide au cours de leur vie.
- Les troubles bipolaires touchent 1 % de la population et sont généralement diagnostiqués à l'âge adulte, vers 30 ans.
- Les troubles de personnalité affectent 1 % de la population, apparaissent au début de l'âge adulte et touchent davantage de femmes que d'hommes.
- Les troubles obsessionnels compulsifs (TOC) touchent environ 2 % de la population (enfants, adolescents ou adultes).
- Dans la moitié des cas, les troubles mentaux commencent avant l'âge de 14 ans.

6 Les actions gouvernementales

- **Santé publique France** met en œuvre des activités de veille et de surveillance de la santé mentale selon 3 grands axes : surveillance de la population générale, surveillance de la population des travailleurs et surveillance spécifique lors de catastrophes naturelles ou industrielles. Elles portent essentiellement sur les troubles dépressifs et anxieux, les suicides et les tentatives de suicide et, chez les enfants, sur les troubles envahissants du développement (TED).
- La **feuille de route pour la santé mentale et la psychiatrie (janvier 2019)** s'articule autour d'un plan global déclinant 37 actions selon trois grands axes :
  - promouvoir le bien-être mental, prévenir et repérer précocement la souffrance psychique, et prévenir le suicide ;
  - garantir des parcours de soins coordonnés et soutenus par une offre en psychiatrie accessible, diversifiée et de qualité ;
  - améliorer les conditions de vie et d'inclusion sociale et la citoyenneté des personnes en situation de handicap psychique.

 # info
Feuille de route : santé mentale et psychiatrie
foucherconnect.fr/24admissionap17

LES CONNAISSANCES INDISPENSABLES
Les maladies mentales

- **Le programme pluriannuel psychiatrie et santé mentale 2018-2023** de la HAS fait suite au programme 2013-2017 et présente 4 thèmes : droits et sécurité en psychiatrie ; troubles mentaux sévères et persistants et handicap physique ; pédopsychiatrie ; annonce du diagnostic en psychiatrie.
- Les **lois du 5 juillet 2011 et du 27 septembre 2013** réforment la loi du 27 juin 1990 relative aux droits et à la protection des personnes faisant l'objet de soins psychiatriques et aux modalités de leur prise en charge, que ce soit pour le dispositif d'hospitalisation d'office (lorsque l'ordre public est menacé) ou le dispositif d'hospitalisation à la demande d'un tiers (lorsque le patient présente un danger pour lui-même). Ce qui change :
  - la mise en place d'une période d'observation « légale » de 72 heures qui permet de s'assurer que le patient bénéficie de soins adaptés à son état de santé. Durant cette période, le patient est en hospitalisation complète et la décision de soins sans consentement est déjà prise ;
  - la création d'un programme de soins quand le patient n'est pas en hospitalisation complète. Il remplace les anciennes sorties d'essai. Désormais, seules des sorties de courte durée (inférieures à 12 heures) sont autorisées, le patient devant être accompagné d'un membre de sa famille, d'une personne de confiance ou d'un agent de l'hôpital ;
  - le contrôle systématique par le juge des libertés et de la détention (JLD) des hospitalisations complètes. Ce contrôle intervient au plus tard au terme des 15 jours d'hospitalisation complète continue, puis au plus tard au bout de 6 mois d'hospitalisation complète continue.

7 Les traitements et la prévention

A| Les traitements courants : médications et thérapies

- Médications : antidépresseurs, antipsychotiques, anxiolytiques.
- Thérapie comportementale et cognitive : elle aide les malades à reconnaître les comportements qui ont une action négative et à les remplacer par des comportements positifs.
- Thérapie interpersonnelle qui aide le patient à réévaluer sa relation avec les autres et à faire face à des problèmes particuliers, tels que le chagrin, les conflits, le passage d'un rôle social ou professionnel à un autre.
- Thérapie de relaxation qui aide la personne à apprendre des techniques pour libérer la tension au niveau du corps et de l'esprit.
- Thérapie de groupe.
- Traitements complémentaires : musicothérapie, art-thérapie, thérapie par le jeu, thérapie de lumière, aromathérapie, acupuncture, homéopathie, massage thérapeutique...

B| La prévention

- Prévention **primaire** (avant l'apparition de la maladie) : réduire l'incidence d'une maladie.
- Prévention **secondaire** (au tout début de la maladie) : s'opposer à l'évolution de la pathologie (dépistage, diagnostic et traitement précoce).
- Prévention **tertiaire** (la maladie chronique) : réduire les complications, les invalidités ou les rechutes consécutives à la maladie.

En 2018, l'organisme de formation INFIPP, Santé Mentale France et l'UNAFAM (Union nationale de familles et amis de personnes malades et/ou handicapées psychiques) a créé « Premiers Secours en santé mentale », un programme qui vise à former un public à réagir de manière adaptée et efficace face à des personnes présentant les premières manifestations de troubles psychiques ou en situation de crise, et à pouvoir les aider à s'orienter elles ou leurs proches, vers un dispositif susceptible d'apporter l'écoute et les soins requis par leur état de santé. Ce programme de formation est proposé par de très nombreux organismes de formation.

8 La recherche

Il existe un déficit d'investissement dans la recherche : seulement 2 % du budget de la recherche biomédicale publique et privée (contre 20 % pour le cancer).

À SAVOIR Questions possibles

- Une nouvelle épidémie invisible existe : dépression, tentatives de suicide, épuisement professionnel, accidents du travail. Qu'en pensez-vous ?
- Une personne sur 4 sera touchée par la dépression dans son existence. Que pensez-vous de ce phénomène ?
- La manière dont une société se préoccupe de ceux qui sont les plus vulnérables traduit à la fois les valeurs qui la fondent et la manière dont elle met en pratique ces valeurs. Quelle réflexion cette pratique vous suggère ?

FICHE 11

LES ACCIDENTS DOMESTIQUES

Les accidents domestiques ne sont pas une fatalité, ils sont la conséquence d'un manque de vigilance ou d'anticipation du risque. Les professionnels des urgences estiment que 8 fois sur 10, ils auraient pu être évités.

Thème associé : le handicap.

1 Définition

Les accidents domestiques font partie des **accidents de la vie courante (AcVC)**. On entend par accident de la vie courante un traumatisme non intentionnel qui n'est ni un accident de la circulation, ni un accident du travail. Les AcVC regroupent donc :

- les accidents domestiques, se produisant à la maison ou dans ses abords immédiats : jardin, cour, garage et autres dépendances ;
- les accidents scolaires, incluant les accidents survenant lors du trajet, durant les heures d'éducation physique et dans les locaux scolaires ;
- les accidents de sport ;
- les accidents de vacances et de loisirs ;
- les accidents survenant à l'extérieur : dans un magasin, sur un trottoir, ...

Le **risque d'accident domestique** et notamment d'accident grave est **accru aux âges extrêmes de la vie** : avant 5 ans et après 70 ans.

2 Les différents types d'accidents

A| Chez les enfants

1| L'étouffement

Un nourrisson peut s'étouffer principalement dans son lit (la prévention de la mort subite du nourrisson met en garde contre la présence d'oreillers, de couettes, de peluches et d'autres objets). À partir de 6 mois, l'enfant commence à mettre les choses dans sa bouche et peut s'étouffer en avalant de petits aliments ou des petits objets. Puis, en grandissant, il peut s'étrangler en jouant avec un collier, un cordon, ou s'étouffer avec un sac plastique.

2| La noyade

Il suffit de quelques minutes pour qu'un enfant se noie dans 20 cm d'eau, que ce soit dans la baignoire ou dans une piscine. Même en position assise, il peut glisser et ne peut souvent pas se redresser.

3| La chute

C'est le principal risque d'accident des enfants de 0 à 6 ans à la maison. Les causes sont variées : les enfants peuvent chuter de la table à langer, de la chaise haute, du canapé ou du lit des parents, dans les escaliers et par la fenêtre.

4| Les intoxications

Elles ont lieu par ingestion de médicament ou de produit ménager et de bricolage.

5| Les brûlures

Les risques de brûlures sont multiples : brûlure occasionnée par le contact avec un liquide ou aliment chaud (biberon, soupe, café, thé, huile), par les flammes (quand l'enfant veut jouer avec le feu, des allumettes, près d'une cheminée), par objets chauds (équipements ménagers, casseroles chaudes) ou encore par de l'eau trop chaude au moment du bain ou même du lavage des mains. Les brûlures peuvent avoir des conséquences et des séquelles graves.

Il faut seulement 3 secondes pour qu'un bébé se brûle au 3e degré avec de l'eau à 60 °C.

Il y a **3 degrés de brûlure** :

- 1er degré : peau juste rouge, sans plaie ni ouverture. ;
- 2e degré : cloques et bulles même percées ;
- 3e degré : peau insensible et cartonnée, noire ou blanche.

6 | L'électrocution

L'enfant n'a aucune conscience des risques que l'électricité représente. Il a souvent tendance à vouloir porter à sa bouche la prise d'une rallonge ou mettre les doigts à l'intérieur ou d'y glisser de petits objets en métal.

B | Chez les personnes âgées

1 | La chute

C'est le **risque principal**. Un tiers des personnes âgées de 65 ans et plus et vivant à domicile chutent chaque année. Les femmes sont quasiment 2 fois plus nombreuses à chuter que les hommes et cette proportion augmente avec l'âge. Ces chutes engendrent un nombre important de fractures de la hanche ou du col du fémur et par conséquent des hospitalisations.

Les conséquences physiques et psychologiques sont importantes : diminution de la mobilité, perte de confiance en soi, limitation des activités quotidiennes, déclin des capacités fonctionnelles et mise en péril du maintien à domicile.

2 | Les facteurs de risque

- Le mauvais respect de la prise médicamenteuse (automédication, utilisation de 4 médicaments ou plus...).
- La diminution de la mobilité, la perte d'équilibre, la faiblesse musculaire...
- La peur de chuter, notamment dans les escaliers.
- L'utilisation de moyens auxiliaires (canne, déambulateur).
- La prise inconsidérée de risques : monter sur une chaise ou sur une échelle.
- Une alimentation insuffisante ou inadéquate, la consommation d'alcool.
- Des troubles cognitifs tels que les dégénérescences cérébrales.

3 Les chiffres-clés enquête Santé publique France publiée en 2021

A | Tous âges confondus

- Les accidents domestiques représentent 61 % des AcVC.
- 4,5 millions de recours aux urgences et 500 000 hospitalisations pour 12 millions d'accidents de la vie courante par an.
- Troisième cause de mortalité après les cancers et les maladies cardiovasculaires.

- 20 000 décès (soit 3 à 5 fois plus que la route), dont 15 000 personnes de plus de 65 ans.
- Les chutes représentent les 3/4 des accidents domestiques et plus de 50 % des décès : 26 chutes mortelles par jour, 17 traumatismes crâniens par heure.
- Suffocations et asphyxies : 3 000 décès par an (15 % des décès).
- Noyades : 1 sur 4 est suivie de décès. 1 000 décès par an dont la moitié en période estivale.
- Intoxications : 1 400 décès (dont 600 par médicament et 300 par monoxyde de carbone).
- Brûlures : 15 000 victimes dont 500 décès.
- Morsures : 600 000 victimes.
- 1 doigt sectionné par une alliance accrochée chaque jour.

B| Les enfants

Les accidents domestiques constituent la première cause de décès des enfants de moins de 15 ans et la noyade, la première cause de mortalité par AcVC chez les moins de 25 ans.

 # info
Noyades chez les enfants
foucherconnect.fr/24admissionap28

1| De 0 à 15 ans

- 15 % des enfants sont victimes d'un accident domestique.
- Plus de 200 décès d'enfants, le plus souvent par chute (65 % chez les – de 1 an).
- Plus de 200 000 prises en charge aux urgences (55 % dues aux chutes, 22 % aux coups, 9 % coupures ou écrasements, 6 % surmenage physique et 3 % absorption, inhalation ou insertion corps étranger).

2| De 0 à 6 ans

- Première cause de décès chez les enfants de moins 6 ans : suffocation et asphyxie.
- 15 % des décès par noyade chaque année.
- Plus de 300 décès par an (64 % des décès de 0 à 15 ans).
- 2 000 enfants victimes d'accident chaque jour.
- 740 000 accidents ayant entraîné une consultation aux urgences par an. Certaines victimes gardent des séquelles qui sont souvent à l'origine de handicaps sérieux.
- Les accidents les plus courants : intoxications, suffocations, brûlures et contusions.
- Les lieux à risque :
  - pour les enfants de moins de 1 an, les accidents surviennent davantage dans la cuisine, la chambre et la salle de bain ;

- pour les enfants de 1 à 4 ans, ils ont le plus souvent lieu dans la cuisine et la salle de séjour.

L'intérieur de la maison est le lieu principal d'accident pour cette tranche d'âge (80 %) et principalement dans la cuisine, la cour ou le jardin. L'âge augmentant, ces accidents diminuent et surviennent de plus en plus à l'extérieur de la maison.

C| Les personnes âgées

» Sur les 15 000 décès annuels, 9 300 sont causés par une chute, 88 % concernent des personnes âgées de 65 ans et plus et 60 % sont des personnes de plus de 75 ans.

» En cas de fracture, 40 % des seniors se retrouvent en institution.

4 Les actions gouvernementales

A| Une politique de prévention

» La **loi de santé publique du 9 août 2004** a fixé 2 objectifs :
- l'objectif 93 ayant trait aux accidents de la vie courante chez les enfants et les adolescents ;
- l'objectif 99 concernant les chutes des personnes âgées.

» La **prévention en France** est organisée selon 3 axes :
- la **communication à visée préventive** : l'INPES organise chaque année des campagnes d'information (prévention des accidents domestiques des enfants, des noyades, des accidents de vélo et des incendies domestiques) ;
- le **recueil de données épidémiologiques**, afin de mieux connaître l'origine et le type d'accidents ; l'InVS est chargé de ce volet ;
- l'élaboration et la mise en œuvre de **recommandations**, de **normes** et de **réglementation**, qui relèvent de l'action des pouvoirs publics, de l'AFNOR et de la Commission de la sécurité des consommateurs (CSC).

» Des **campagnes de prévention** avec 6 thèmes prioritaires :
- la sécurité des enfants. Exemple, en 2009, la campagne « Protégez votre enfant » ;
- la sécurité des pratiquants de sports de loisirs. Exemple ; en 2010, la campagne « J'apprends à me protéger » pour des vacances en toute sécurité ;
- la sécurité des personnes en situation de handicap visuel ou auditif ;
- la prévention des incendies domestiques. Exemple, en 2013, la campagne « Pas d'accidents dans ma maison » ;
- la prévention des chutes au domicile des personnes âgées ;
- l'épidémiologie des accidents de la vie courante.

- En 2020, pendant le confinement, l'association des assureurs français « Assurance prévention » a lancé la campagne : #RestonsChezNous#EnTouteSécurité.
- En 2021, Santé publique France publie de nouvelles données sur les accidents de la vie courante survenus chez les moins de 15 ans en France : enquête permanente 2014-2018.

 # info
Enquête permanente sur les accidents de la vie courante
foucherconnect.fr/24admissionap18

- Des **documents de référence** à télécharger sur la prévention des accidents domestiques, des accidents de la vie courante, des accidents de sport et de loisirs.

B| Des mesures de prévention à la portée de tous

La plupart des accidents domestiques seraient évitables grâce à des mesures de prévention souvent simples à mettre en œuvre :

 # info
Les réflexes à avoir
foucherconnect.fr/24admissionap19

- l'**aménagement du logement** et de ses dépendances en sécurisant les installations et les équipements :
  - pour les enfants : mettre des barrières devant les escaliers, bloque-ouvertures aux fenêtres, vérifier qu'il n'y ait aucun meuble sur lequel l'enfant pourrait grimper sous les fenêtres, sous la rambarde du balcon...,
  - pour les personnes âgées : sécuriser les escaliers, dégager les couloirs de circulation (meubles bas, tapis...).
- la **pédagogie** :
  - informer et éduquer les parents sur l'importance des risques d'accidents en impliquant tous les acteurs de la santé (infirmiers scolaires, médecins généralistes y compris dans les crèches et les écoles) et les accompagner pour renforcer leur vigilance auprès des jeunes enfants, principalement jusqu'à 6 ans,
  - éduquer les enfants le plus tôt possible sur les risques de dangers, avec des mots simples, tout en les laissant découvrir et explorer leur environnement,
  - insister sur l'importance de la formation de la population aux gestes de secours.

À SAVOIR **Questions possibles**

- 10 000 décès pourraient être évités si plus de Français étaient formés aux gestes d'urgence. Qu'en pensez-vous ?
- Citez les différents risques d'accidents domestiques et expliquez-les en vous appuyant sur des exemples.
- Les accidents domestiques seraient la cause principale de mortalité infantile en France. Que pensez-vous de cette situation ? Quels moyens pourrait-on mettre en œuvre pour les prévenir ?

FICHE 12

L'EUTHANASIE

Mot venu du grec et qui signifie « la mort douce », l'euthanasie n'est pas légale en France. Elle fait débat dans notre société et divise l'opinion publique depuis de nombreuses années : certains veulent continuer à l'interdire et d'autres l'autoriser en la légalisant ou en la dépénalisant.

Thèmes associés : les soins palliatifs, le suicide.

1 Définition

L'euthanasie est un acte qui consiste à mettre fin à la vie d'une personne, à sa demande. Elle est dite **active**, quand la mort est due à l'administration directe d'un produit létal, ou **passive**, lorsque c'est l'arrêt des soins et des traitements qui provoque la mort, parfois au bout de quelques jours.

L'**euthanasie** s'oppose donc totalement à l'acharnement thérapeutique, qui consiste en la réalisation d'actes médicaux dans le but de maintenir obstinément en vie une personne incurable.

On distingue 3 types d'euthanasies :

- l'**euthanasie volontaire** : soit le patient est en pleines capacités mentales et physiques au moment où il demande de l'aide pour mourir, soit il a exprimé précédemment son souhait ;
- l'**euthanasie non volontaire** : le patient n'a plus la capacité mentale et physique de demander de l'aide pour mourir et on ignore quelle aurait été sa volonté ;
- l'**euthanasie involontaire** : la personne a eu l'occasion d'exprimer son opposition à cette décision, elle s'apparente à un meurtre.

2 Le suicide médicalement assisté

Le suicide assisté ou « aide au suicide » se distingue de l'euthanasie par le fait que c'est le patient lui-même qui déclenche sa mort et non un tiers.

À ce jour, il est encore interdit en France mais autorisé notamment en Suisse.

Cet acte interdit consiste à procurer au patient un environnement et les moyens nécessaires pour accomplir son suicide.

3 Les soins palliatifs

Il ne faut surtout pas les confondre avec l'euthanasie même si, pour soulager la douleur, il arrive aux soignants d'user de doses d'analgésiques ou d'antalgiques qui risquent de rapprocher le moment du décès.

Leur objectif n'est pas de provoquer le décès, mais d'accompagner le patient en lui prodiguant des soins de confort et de nursing destinés à préserver la meilleure qualité de vie possible jusqu'à la mort.

Les soins palliatifs sont délivrés par une équipe pluridisciplinaire et doivent notamment soulager la douleur, apaiser la souffrance psychique, sauvegarder la dignité de la personne malade et soutenir son entourage.

4 Les grandes affaires médiatisées

L'euthanasie peut bouleverser l'opinion publique et provoquer des réactions très virulentes, chacun prenant fait et cause pour ce qui lui semble le plus juste. Plusieurs affaires ont été au centre de l'actualité ces dernières années (les affaires Vincent Humbert, Laurence Tramois, Chantal Sébire, Nicolas Bonnemaison, Anne Bert, Vincent Lambert).

IMPORTANT

Plusieurs pays occidentaux ont déjà légiféré sur la question de la fin de vie (Belgique, Espagne, Autriche, Suisse, Pays-Bas, Luxembourg, Canada, certains états américains...). Ils autorisent l'euthanasie et/ou le suicide assisté. En Belgique, depuis l'instauration de ces lois en 2002, seulement 4 % des décès annuels résultent d'une aide active à mourir.

5 Quelques chiffres

- En 2013 (il n'existe aucun chiffre plus récent), le directeur de l'Ined évalue que l'euthanasie représente 0,6 % du total des décès, soit 2 024 euthanasies sur 550 000 décès et indique que 2 000 personnes souffrant de maladie grave se suicident.
- Aucun suicide médicalement assisté n'est déclaré.
- En **juillet 2023**, la cour des comptes estime que d'ici 2035, 440 000 personnes auront besoin d'une prise en charge palliative (soit une augmentation de 16 %).
- Et en **2034**, il faudra être en mesure de prendre en charge 250 000 personnes supplémentaires chaque année.

6 Les actions gouvernementales

- En **2005**, la **loi Léonetti** relative aux droits des malades et à la fin de la vie énonce principalement que :
  - « L'obstination déraisonnable du corps médical et la prolongation artificielle de la vie du patient sont proscrites, y compris lorsque ce dernier est hors d'état d'exprimer sa volonté. Le médecin peut prendre le risque d'abréger la vie du patient en lui administrant une dose de soins palliatifs qu'il juge nécessaire à son confort, à condition d'en informer le patient, éventuellement la personne de confiance ou un proche. »
  - « La décision de cesser l'administration d'un traitement doit être collégiale et ne peut être prise qu'après consultation de la personne de confiance, de la famille et des directives anticipées du patient. »
  - « La volonté du patient de limiter ou de cesser un traitement doit être respectée. Le patient doit être informé des conséquences de sa décision. »
- En **2010**, l'**Observatoire national de la fin de vie (ONFV)** est créé. Il a pour but d'apporter au débat public des données objectives et fiables quant à la réalité des situations de fin de vie en France et d'éclairer les choix réalisés en matière de politiques sanitaires et sociales.
- En **2016**, la **loi Claeys-Léonetti** accorde de nouveaux droits aux personnes en fin de vie en prévoyant la possibilité de demander une « sédation profonde et continue » jusqu'à son décès et non une piqûre qui conduit immédiatement à la mort comme pour l'euthanasie. Cette sédation n'est possible qu'en cas de maladie incurable, de pronostic vital engagé à court terme, de résistance aux traitements antidouleur… Les personnes majeures peuvent rédiger des « directives anticipées » faisant part de leur volonté de refuser les traitements mais aussi, à l'inverse, de leur volonté de les poursuivre.
- Dans les enquêtes d'opinion, une large majorité de Français se montre favorable à une évolution de la législation concernant la fin de vie.
- En **2022**, un avis du comité consultatif national d'éthique s'est dit favorable à « une aide active à mourir » strictement encadrée, à condition que soient parallèlement, renforcés les soins palliatifs.
- En **2023**, les conclusions d'une Convention citoyenne sur la fin de vie initiée par le Président de la République sont rendues : elles prennent en compte la limite posée par la loi sur la pratique de la sédation profonde et continue et sont à 76 % en faveur d'une aide active à mourir. Sur la question du suicide assisté ou de l'euthanasie, la Convention se prononce pour une mise en place conjointe des deux, considérant que choisir une des deux solutions ne répondrait pas à la diversité des situations rencontrées.

 # info
Convention citoyenne sur la fin de vie
foucherconnect.fr/ 24admissionap31

- En avril **2024**, un projet de loi a été déposé sur le bureau de l'Assemblée nationale. Il sera débattu à partir du 27 mai par les députés, avant d'être transmis au Sénat.

7 Le projet de loi

A| Soin d'accompagnement et directive anticipée

- Les soins d'accompagnement recouvrent les soins palliatifs (prise en charge de la douleur et de la fin de vie) mais également d'autres mesures (prise en charge, nutritionnelle, accompagnement, psychologique, musicothérapie, massage…).
- Des maisons d'accompagnement seront créées : structure intermédiaire entre le domicile et l'hôpital qui pourront accueillir les personnes en fin de vie et leur entourage.

Les conditions dans lesquelles les directives anticipées peuvent être formulées sont améliorées. Les bénéficiaires d'un plan personnalisé d'accompagnement pourront l'y annexer. Toute personne pourra enregistrer ses directives anticipées dans l'espace numérique.

B| L'aide à mourir

- Elle consiste à autoriser et à accompagner la mise à disposition à une personne qui le demande, d'une substance létale pour qu'elle se l'administre elle-même, ou si elle n'en est pas capable, se la fasse administrer par un médecin, un infirmier, un proche ou une personne volontaire de son choix. Des conditions très précises seront requises : âge, résidence, aptitude à manifester sa volonté, atteinte d'une maladie grave et incurable, souffrances réfractaires ou insupportables, …
- L'aide à mourir sera prise en charge par l'Assurance maladie.
- Une clause de conscience est instituée pour les professionnels de santé qui refuseraient de participer à la procédure d'aide à mourir. Ils devront renvoyer la personne vers un confrère.
- Plusieurs décrets d'application sont prévus.

À SAVOIR **Questions possibles**

- Plusieurs pays occidentaux ont déjà légiféré sur la question de la fin de vie (Belgique, Espagne, Autriche, Suisse, Pays-Bas, Luxembourg, Canada, certains États américains…). Ils autorisent l'euthanasie et/ou le suicide assisté. Quelle est la position de la France sur la question du droit à mourir ?
- En Belgique, depuis l'instauration de ces lois en 2002, seulement 4 % des décès annuels résultent d'une aide active à mourir. Selon vous, pourquoi ?

FICHE 13

LES INFECTIONS NOSOCOMIALES

Les infections nosocomiales font partie des infections associées aux soins (IAS) ; elles apparaissent au cours d'un séjour dans un établissement de santé (hôpital, clinique...). Tous les patients qui séjournent à l'hôpital présentent un risque de contracter une infection.

1 Définition

L'infection est considérée comme nosocomiale si elle était absente au moment de l'admission du patient et si elle apparaît après 48 heures d'hospitalisation. Si elle survient avant, on considère qu'elle était en incubation lors de l'entrée dans l'établissement.

2 L'origine

Ces infections peuvent être :

- directement liées aux soins dispensés au patient (par exemple, l'infection sur cathéter) ;
- secondaire à l'hospitalisation, indépendamment de tout acte médical (par exemple, une épidémie de grippe).

3 Les modes de transmission

Le malade peut être infecté :

- par ses propres germes au cours de certains soins invasifs tels que le sondage urinaire, un acte chirurgical, une respiration artificielle ou en raison d'une fragilité particulière ;

- par les germes d'autres malades : transmission croisée entre malades, transmission par le matériel, par les mains des personnels, par la contamination de l'environnement hospitalier (eau, air, équipements, alimentation...) ;
- **par un manque de pratiques d'hygiène : la cause majeure de la transmission des bactéries est le manque d'hygiène au sein du personnel (absence de lavage des mains, d'utilisation de solution hydroalcoolique...) ;**
- par des soins et des thérapeutiques de plus en plus agressifs qui peuvent être des sources possibles d'infection.

4 Les facteurs favorisants

La survenue d'une infection nosocomiale est favorisée par la situation médicale du patient qui dépend de :

- **son âge et sa pathologie** : sont particulièrement sensibles les personnes âgées, les personnes immunodéprimées, les nouveau-nés, en particulier les prématurés, les polytraumatisés et les grands brûlés ;
- **certains traitements** (les antibiotiques qui déséquilibrent la flore bactérienne des patients et sélectionnent les bactéries résistantes, les traitements immunosuppresseurs) ;
- **la réalisation d'actes invasifs** nécessaires au traitement du patient : sondage urinaire, pose d'un cathéter, ventilation artificielle ou intervention chirurgicale

Les services les plus touchés sont par ordre décroissant : la réanimation, la chirurgie et la médecine.

5 Les différents types d'infections

Par ordre de fréquence :

- les infections urinaires ;
- les infections survenant lors de chirurgie osseuse ;
- les infections de plaies opératoires superficielles ou profondes ;
- les infections respiratoires (pneumonie) ;
- les infections sur cathéter.

Certaines de ces infections, en particulier les infections pulmonaires et les septicémies, sont graves et peuvent entraîner la mort.

6 La résistance bactérienne

Trois bactéries représentent plus de la moitié des infections :

- *Escherichia coli*, le plus fréquent (1/4 des infections) et responsable de nombreuses infections urinaires et de septicémies ;

- *Staphylococcus aureus* (staphylocoque doré), souvent impliqué dans les infections des cicatrices opératoires ;
- *Pseudomonas aeruginosa*, responsable d'infections pulmonaires en réanimation.

IMPORTANT Ces bactéries, qui présentent souvent des résistances aux traitements, obligent à changer d'antibiotique et retardent la guérison.
De manière exceptionnelle, il existe des souches résistantes à tous les antibiotiques.

7 Les réseaux de surveillance

Il existe une traçabilité du respect des normes d'hygiène et de bonne conduite en matière de lutte contre les infections nosocomiales.

Les enquêtes d'incidence consistent à étudier, au fur et à mesure de leur survenue, tous les nouveaux cas d'infections et permettent une mesure précise du risque de contracter une infection pour un patient admis à l'hôpital.

A| Au niveau national

- Le RAISIN (Réseau d'alerte, d'investigation et de surveillance des infections nosocomiales) coordonne l'alerte et la surveillance des infections.
- Le CTIN (Comité technique national des infections nosocomiales) est une instance de proposition, de coordination et d'évaluation, constituée d'experts hospitaliers.

B| Au niveau régional

Cinq CCLIN (centres de coordination de la lutte contre les infections nosocomiales) sont chargés de mettre en œuvre le plan et de le relayer auprès des établissements de santé.

C| Au niveau des centres hospitaliers

» Les CLIN et des EOHH (équipes opérationnelles en hygiène hospitalière) composées de professionnels de la prévention, médicaux et non médicaux : médecin ou pharmacien hygiéniste, infirmier hygiéniste et, parfois, de techniciens biohygiénistes sont chargés de mettre en œuvre les actions de prévention, de surveillance, de signalement, d'évaluation et de formation dans l'établissement.

» Les établissements de santé doivent :
- signaler les infections nosocomiales à l'ARS (agence régionale de santé) et au CCLIN dont ils dépendent. L'ARS transmet ensuite le signalement à l'Institut de veille sanitaire (InVS) pour une analyse nationale des cas ;

- obligatoirement publier tous les ans, leurs scores pour cinq indicateurs reflétant leur niveau d'engagement.

Depuis 1996, des enquêtes nationales de prévalence (ENP) sont réalisées tous les 5 ans. La dernière date de 2017, a été publiée en 2018 et Santé publique France s'est vu confier le pilotage des missions des centres d'appui pour la prévention des infections liées aux soins (CPias).

8 Les chiffres-clés

- 750 000 infections par an et 4 000 décès.
- Environ 5 % des personnes hospitalisées auront une infection nosocomiale (1 patient sur 20 est concerné) :
  - 30 % dans un service comme la réanimation ; 16 % après une chirurgie (en hausse) ;
  - 15 fois plus d'infections chez les patients hospitalisés entre 30 et 89 jours ;
  - 10 % chez les + 65 ans.
- Fréquence des infections :
  - infections urinaires : 30 % ;
  - infections de la peau, des voies respiratoires supérieures (29 %) ;
  - infections pulmonaires (17 %) ;
  - infections de la zone opérée (14 %) ;
  - bactériémies, septicémies à la suite de pose de cathéters (10 %).

9 Les actions gouvernementales

- Le 19 novembre 1972, des mesures sont adaptées par le Comité des ministres du Conseil de l'Europe pour l'hygiène hospitalière : création des réseaux de surveillance.
- L'arrêté du 7 janvier 1993 relatif au secteur opératoire pour les structures pratiquant l'anesthésie ou la chirurgie ambulatoire évoque « une hygiène spécifique et adaptée » pour limiter les risques de nature notamment infectieuse.
- Le décret du 6 septembre 1995 dit que le médecin doit « veiller à la stérilisation et à la décontamination des dispositifs médicaux qu'il utilise et à l'élimination des déchets médicaux selon les procédures réglementaires ».
- La loi n° 98-535 du 1er juillet 1998 oblige les établissements de santé à organiser en leur sein la lutte contre les infections nosocomiales.
- La loi du 4 mars 2002 prévoit la possibilité pour les victimes d'engager la responsabilité de l'établissement de santé et d'obtenir une indemnisation.
- En 2022, Santé publique France lance une enquête nationale de prévalence des infections nosocomiales et des traitements anti-infectieux dans les établissements de santé afin d'en mesurer la prévalence en France et d'en renforcer la prévention.

» Le ministère des Solidarités et de la Santé présente la Stratégie nationale 2022-2025 de Prévention des Infections et de l'Antibiorésistance : 42 actions pour se donner les moyens de répondre aux enjeux prioritaires de santé publique en santé humaine dans les 4 ans qui viennent.

 # info
Prévention des infections
foucherconnect.fr/24admissionap20

10 Les traitements et la prévention

A| Le traitement

Des équipes de chercheurs tentent d'éliminer les germes résistants, de moduler leur virulence et d'inactiver leurs toxines. D'autres travaillent sur la restauration de la flore intestinale, pour contrôler les infections intestinales.

Dans certains cas, il sera nécessaire de réopérer les patients, pour drainer un abcès post-opératoire, changer une prothèse orthopédique mise en place...

B| La prévention

Les infections nosocomiales ne peuvent pas être totalement évitées, mais le risque peut être diminué par un strict respect des **règles d'hygiène** :

1. Tous les publics présents à l'hôpital doivent observer des mesures de précaution :
- les visiteurs doivent se laver les mains avant et après la visite du malade ;
- les patients doivent respecter les consignes de préparation chirurgicale (douche antiseptique, dépilation de la zone à opérer...).

2. Les personnels disposent de guides de recommandations et de bonnes pratiques élaborés par différents organismes (ministère de la Santé, centres de coordination de lutte contre les infections nosocomiales) qui demandent :
- d'appliquer des mesures d'hygiène rigoureuses : hygiène des mains, utilisation des solutions hydroalcooliques ;
- de fixer des protocoles de soins pour les différents gestes de soins médicaux et paramédicaux ;
- d'utiliser du matériel médical stérile ou à usage unique ou d'appliquer les bonnes pratiques de désinfection du matériel ;
- de détecter et gérer les situations à risque : isolement en chambre individuelle, port de surblouses lors des visites médicales ou de la famille pour des patients porteurs de germes multi-résistants ;
- d'encadrer la prescription d'antibiotiques.

FICHE 14

L'HYGIÈNE ET LA PRÉVENTION PENDANT LA GROSSESSE

La grossesse est un état et non une pathologie ; malgré tout, les femmes enceintes ont certaines règles d'hygiène et de prévention à respecter afin de protéger leur fœtus et de mener leur grossesse à terme.

Thèmes associés : la santé publique, les addictions, l'alcoolisme, les maladies infectieuses.

1 Définition

La grossesse ou gestation est l'état d'une femme enceinte portant un embryon ou un fœtus au sein de l'utérus qui est alors dit gravide. Des modifications physiques et psychiques importantes vont avoir lieu pendant les 40 semaines (9 mois) de la grossesse et la femme enceinte va devoir adapter ses comportements aux bouleversements de son corps. Diverses pathologies, spécifiques ou non, certaines habituellement sans conséquences, peuvent survenir pendant cette période et avoir un impact important sur l'embryon ou le fœtus. Il est donc conseillé à la femme enceinte de modifier son mode de vie et d'être régulièrement suivie médicalement.

2 Les règles générales d'hygiène

La transmission des différents microbes se fait principalement par contamination manuportée, ce qui signifie que la future maman doit adopter des règles générales d'hygiène simples :

- se laver systématiquement les mains est essentiel : avant et après être allée aux toilettes, avant et après manger, après avoir touché des légumes non lavés, du poisson ou de la viande crus, etc. ;
- avoir une bonne hygiène intime afin de prévenir les infections ;
- mettre des gants pour jardiner, changer la litière des animaux… ;

- éviter le contact avec des personnes contagieuses : les jeunes enfants, les personnes qui toussent ou qui ont de la fièvre ;
- nettoyer et désinfecter toute plaie, même la plus petite.

3 Hygiène de vie

La poursuite de l'activité physique quotidienne permet de conserver une musculature abdominale qui aidera à la récupération fonctionnelle du périnée. Elle favorise aussi l'équilibre psychologique et diminue les sentiments d'anxiété éventuels. Il est conseillé de bouger au moins 30 minutes par jour : en pratiquant la marche, la natation (bénéfique pour le dos), la gymnastique d'entretien. Il est interdit de pratiquer un sport de manière intensive sauf si c'est habituel et avec l'accord de son médecin. Les sports à risque sont interdits.

4 L'alimentation

Une alimentation équilibrée est nécessaire pour assurer le bon développement des fœtus et une prise de poids modérée. Les femmes en situation de malnutrition ou de pauvreté commencent leur grossesse en ayant épuisé leurs ressources physiques et perpétuent un cycle de malnutrition mère enfant. Inversement, le surpoids avant la grossesse peut majorer le risque de complications (diabète gestationnel, hypertension) et donc le risque de prématurité et de césarienne. La femme enceinte ne doit pas manger deux fois plus mais **manger plus souvent** dans la journée : 3 petits repas, un goûter, plus une ou deux 2 collations. De plus, il faut veiller à :

- **boire de l'eau** en quantité suffisante ;
- **manger davantage de légumes** qui apportent des fibres indispensables à la régulation du transit et préviennent ainsi les risques de constipation ;
- **fractionner les repas**, manger lentement, bien mâcher, éviter les aliments gras, acides, pimentés et ne pas se coucher tout de suite après le repas, surtout en cas de nausées et/ou de remontées acides ;
- **consommer des produits céréaliers** (pain, pâtes, riz...) ou des **légumes secs** (y compris en conserve) : lentilles, haricots, pois chiches, pois cassés, qui sont riches en énergie, en protéines, en fibres, en minéraux et vitamines. Si la sensation de faim est trop forte, il est conseillé de manger des pommes de terre et des féculents à chaque repas (aliments riches en énergie et en fibres) ;
- **modérer la consommation de produits sucrés, de sodas et de boissons contenant de la caféine** (café, thé et les boissons à base de cola).

Attention, en dehors d'une prescription médicale : pas de supplémentation en vitamines ; pas de produits alimentaires enrichis spécifiques femme enceinte ni de compléments alimentaires surtout si l'alimentation est variée ; pas de régime ; pas de laxatif.

5 Lutter contre les troubles digestifs

Les nausées et vomissements s'estompent généralement au quatrième mois. Ils sont accentués par un espace de temps trop long entre 2 repas ; il faut fractionner l'alimentation.

Les remontées acides : il faut également fractionner les repas, manger lentement, bien mâcher, éviter les aliments gras, acides, pimentés, ne pas se coucher tout de suite après le repas.

La constipation : il faut boire de l'eau en quantité suffisante, au moins 1,5 L/jour et augmenter la consommation de fibres.

6 La prévention des risques de contamination liés à l'alimentation

Il s'agit principalement d'éviter les maladies infectieuses telles que la toxoplasmose, la listériose ou la salmonellose et d'une manière générale de :

- **respecter la chaîne du froid** : emballer les aliments fragiles, séparer les aliments crus et cuits ;
- **limiter le nombre d'ouvertures des portes des réfrigérateurs**, ne pas les surcharger pour permettre la circulation de l'air ;
- **ne rien décongeler à température ambiante**, vérifier les DLC, cuire tous les produits animaux et réchauffer les plats uniformément.

A| La toxoplasmose

» Cette maladie infectieuse est due à un parasite présent dans la terre. Fréquente mais bénigne, elle est surtout dangereuse pour le fœtus d'une femme enceinte non immunisée. Le risque est alors maximal et les conséquences peuvent être la mort *in utero* ou l'apparition de malformations diverses. C'est pourquoi l'immunité est recherchée en début de grossesse et surveillée tous les mois si la future mère est séronégative.

» En cas de non-immunité :

- ne pas consommer d'œufs ni de lait cru, ni aucune viande crue ou peu cuite ; éviter les viandes fumées ou marinées (gibier) sauf si elles sont très cuites ;
- laver très soigneusement les légumes, fruits, herbes aromatiques pour ôter tout résidu de terre ; en cas de doute, ne pas en consommer ;
- porter des gants pour jardiner, manipuler de la viande crue, des crudités… ;
- éviter tout contact avec les chats, et s'il est nécessaire de changer la litière, le faire fréquemment (au moins une fois par jour) et toujours avec des gants.

B| La listériose

Cette maladie infectieuse grave, mais relativement rare, est due à la bactérie listeria présente dans l'eau et le sol. Il n'y a pas d'immunité. La future mère atteinte de listériose présente les symptômes d'une forte grippe mais avec risque de fausse couche, d'accouchement prématuré, voire de mort *in utero* du bébé. Le bébé contaminé pourra déclarer une infection ou une méningite à la naissance. Il est conseillé de :

- ne pas consommer de produit de la mer cru, ni de charcuterie artisanale, ni de produit laitier au lait cru. Bien cuire les viandes et les poissons ;
- laver très soigneusement les légumes ;
- toujours réchauffer les restes alimentaires ou les plats déjà cuisinés (la listeria est détruite après une cuisson de 30 minutes à 60°).

C| La salmonellose

C'est une maladie infectieuse due à une bactérie parasite intestinale chez certains animaux. La salmonellose est responsable de gastro-entérites. Il n'y a pas d'immunité. Les conséquences sur le fœtus peuvent être dramatiques. Il est conseillé de ne pas consommer de produit laitier au lait cru et de bien cuire les produits d'origine animale (viandes et œufs).

7 Les risques liés à la consommation de produits toxiques

» L'alcool

La recommandation actuelle est de ne consommer aucun verre d'alcool, quel que soit le type d'alcool, pendant la grossesse. L'alcool consommé par la femme enceinte passe directement du sang maternel vers le sang du fœtus, au travers du placenta et la concentration en alcool dans son sang devient aussi élevée que dans celui de la mère. L'alcool transmis au fœtus est éliminé lentement car son foie est insuffisamment développé.

L'exposition prénatale à l'alcool (EPA) engendre des risques d'anomalies à tous les stades de la grossesse et notamment à son début. Elle est la principale cause des malformations congénitales, des déficiences intellectuelles et d'autres problèmes développementaux chez les enfants…

Le syndrome d'alcoolisation fœtale (SAF) est la première cause non génétique de handicap mental chez l'enfant. C'est une des plus sévères déficiences congénitales car il est irréversible : les traits faciaux du nouveau-né sont distinctifs (fentes palpébrales fines, lèvre supérieure mince, philtrum lisse) et s'accompagnent d'un retard de croissance et d'un dysfonctionnement du système nerveux central.

À l'occasion de la Journée mondiale de sensibilisation au syndrome d'alcoolisation fœtale du 9 septembre 2020, Santé publique France rappelle le message de précaution « zéro alcool pendant la grossesse ».

» **Le tabac**

Le tabac dégage plusieurs milliers de produits toxiques : nicotine, monoxyde de carbone (CO), goudron, métaux lourds qui sont toxiques pour le fœtus, y compris en cas de tabagisme passif. Le tabagisme actif va entraîner des répercussions sur la santé de l'enfant qui sont proportionnelles à la quantité de tabac fumé. L'exposition prénatale au tabagisme (EPT) est un des principaux risques de mort fœtale *in utero*, de fausse couche, de certaines complications placentaires, de prématurité et de retard de croissance intra-utérin.

8 Les risques endémiques

Les voyages à l'étranger comportent des risques infectieux particuliers pendant la grossesse : les séjours en zone d'endémie palustre (paludisme) sont à éviter au maximum.

IMPORTANT

Cas particulier du virus Zika.

» La lutte contre le moustique tigre, vecteur de Zika, est impérative pour protéger les femmes enceintes d'une infection potentiellement grave pour leur bébé. En effet, il semble pouvoir détériorer le système nerveux central des bébés, *in utero*, en particulier en provoquant des cas de microcéphalie.

» De nombreuses inconnues subsistent, ce qui en fait une urgence scientifique :
- l'infection est dans 80 % des cas asymptomatique, il est donc quasi-impossible de la déceler ;
- on ne sait pas à quel stade de la grossesse elle est dangereuse bien que le 1er trimestre semble le plus vraisemblable ;

» Le rythme de transmission est beaucoup plus rapide que celui du chikungunya ou de la dengue.

» Le plan d'antidissémination du chikungunya et de la dengue a été étendu en 2016 à Zika.

9 Les risques liés au stress prénatal

» De récentes études ont mis en évidence l'impact du stress sur le déroulement de la grossesse : le stress maternel serait associé à certaines pathologies. L'hormone du stress (le cortisol) pourrait franchir le placenta et avoir un effet sur le fœtus. De légères associations entre le stress prénatal et l'insuffisance pondérale et la prématurité ont été décelées. Travailler dans des conditions difficiles durant une grossesse peut avoir une incidence sur le niveau de stress mais aussi le chômage, les problèmes familiaux ou conjugaux, un deuil, un accident...

» La présence bienveillante et les soins attentifs des parents après la naissance atténuent le risque d'un développement cognitif déficient même en présence d'un niveau élevé de cortisol dans le liquide amniotique.

10 Le risque de prématurité

Les nourrissons nés prématurément et de petit poids sont particulièrement vulnérables et susceptibles de connaître des retards de croissance (poids, hauteur, périmètre crânien) ; et dans le cas de très grande prématurité, le risque de troubles cognitifs, moteurs, sensoriels ou comportementaux.

11 Les chiffres-clés (Santé publique France 2018)

» **L'alcool**

- 1 femme enceinte sur 3 continue de boire de l'alcool pendant sa grossesse.
- Sur une période de 8 ans, plus de 3 000 nouveau-nés (soit une naissance par jour) ont présenté au moins une conséquence liée à l'alcoolisation fœtale, avec pour 452 d'entre eux un syndrome d'alcoolisation fœtale.

» **Le tabac**

- L'EPT affecte 160 000 naissances vivantes chaque année.
- La France est le pays d'Europe où les futures mamans fument le plus, 24 % d'entre elles déclarent fumer quotidiennement et 3 % occasionnellement. L'e-cigarette n'est pas non plus sans danger.

» **Le stress**

Le risque d'un accouchement prématuré est 70 % plus élevé chez les femmes enceintes qui travaillent dans un milieu stressant ou bruyant que chez les autres femmes.

» **Zika**

- Le moustique-tigre s'est développé de manière significative et continue depuis 2004, et est désormais présent dans 42 départements. Sa capacité à être « vecteur » du chikungunya, de la dengue ou du Zika en fait une cible de surveillance prioritaire, pour les autorités sanitaires.
- 80 % des gîtes de ce moustique se situent dans les jardins privés. Une grande partie de la lutte contre sa prolifération passe donc par l'implication du public.

12 Les mesures de prévention

A| Des campagnes d'information

En novembre 2010, l'apparition de la semaine nationale d'information à l'initiative de la fondation PremUp a mis en évidence la méconnaissance des risques liés à la grossesse des femmes. En septembre 2017, l'agence Santé publique France lance une campagne « vous buvez un peu, il boit beaucoup » qui vise à rappeler les dangers de l'alcool pour le fœtus. En mars 2018, la fondation PremUp organise une campagne de prévention pour la prise en charge de la femme enceinte dans le monde du travail.

B| Différentes études menées en 2017

Selon l'étude de l'AP-HP (Assistance publique hôpitaux de Paris), le poids du bébé à la naissance dépend du nombre de cigarettes fumées par jour pendant la grossesse. Elle confirme qu'il vaut mieux s'abstenir totalement de fumer que de réduire sa consommation de tabac durant la grossesse. Santé publique France publie une enquête sur les « connaissances et perceptions des risques de la consommation d'alcool pendant la grossesse » qui démontre qu'une partie de la population minimise encore la dangerosité d'une consommation faible ou ponctuelle d'alcool pour les femmes enceintes. Depuis 2022, le 9 septembre est la journée mondiale du SAF.

C| Les préconisations de l'Académie nationale de médecine

Elle recommande que, compte tenu des risques précoces liés en particulier au tabac, à l'alcool, à certains médicaments et à quelques maladies infectieuses, le premier examen de grossesse soit effectué avant 6 semaines d'aménorrhée, et non pas avant le 3e mois comme actuellement. Elle préconise également :

- un accompagnement spécifique par les professionnels de santé en maternité ;
- un développement et une gratuité des substituts nicotiniques ;
- un accès prioritaire aux centres d'addictologie pour les femmes enceintes ;
- une gestion médicale précoce concernant les pathologies pour lesquelles certains médicaments à risque ne peuvent pas être interrompus même pendant la grossesse ;
- le dépistage des VIH, VHB, VHC au tout début de la grossesse ;
- la vérification des vaccinations contre la rubéole et l'hépatite B ;
- le contrôle de l'immunité contre la toxoplasmose ;
- une relation mère-enfant à surveiller, afin de prévenir les situations susceptibles de perturber gravement la relation.

L'Académie recommande le dépistage, dès le début de la grossesse et au plus tard au 4e mois, des troubles psychologiques ou psychoaffectifs et des états psychiatriques méconnus, en particulier chez les femmes en détresse sociale.

Le carnet de santé maternité ou carnet de grossesse joue un rôle important dans la prise en charge de la grossesse et dans l'information précoce qu'il transmet sur les risques encourus par l'embryon et le fœtus.

FICHE 15

LA MALTRAITANCE

Que ce soit envers les enfants, les femmes, les personnes âgées ou les personnes vulnérables, la maltraitance se retrouve partout et dans toutes les couches de la société.

Thèmes associés : la santé mentale, le handicap, le suicide.

1 Définition

Maltraiter, c'est infliger des mauvais traitements à des personnes souvent dépendantes et sans défense. La maltraitance peut être physique et/ou psychologique.

En 1987, le Conseil de l'Europe a défini la maltraitance comme une violence se caractérisant « par tout acte ou omission commis par une personne, s'il porte atteinte à la vie, à l'intégrité corporelle ou psychique ou à la liberté d'une autre personne, ou compromet gravement le développement de sa personnalité et/ou nuit à sa sécurité financière ».

La maltraitance peut avoir des conséquences durables sur la santé physiologique et psychique des victimes. On distingue **4 formes de maltraitance** :

- les violences physiques ;
- les violences sexuelles ;
- les violences psychologiques ;
- les négligences lourdes.

Elle se manifeste principalement envers les enfants, les femmes, les personnes handicapées et les personnes âgées.

2 La maltraitance envers les enfants

Un mineur est considéré en situation de maltraitance lorsqu'il est victime de négligences graves, de mauvais traitements, d'exploitation, de violences sexuelles de la part de ses parents ou de tout autre individu (adulte ou mineur).

- **La loi de 2016** qui réforme la protection de l'enfance introduit la notion « d'enfant en danger » et la définit ainsi : « Lorsque la santé, la sécurité ou la moralité du mineur sont en danger ou risquent de l'être, ou lorsque les conditions de son éducation ou de son développement physique, affectif, intellectuel et social sont gravement compromises. »
- **La loi n° 2022-140 du 7 février 2022** relative à la protection des enfants institue une définition législative de la maltraitance en établissement ou service social ou médico-social : Un acte de maltraitance se définit ainsi : tout geste, parole, action ou défaut d'action visant toute personne en situation de vulnérabilité qui compromet ou porte atteinte à son développement, à ses droits, à ses besoins fondamentaux ou à sa santé et qui intervient dans une relation de confiance, de dépendance, de soin ou d'accompagnement.

A| La maltraitance physique

Elle se traduit sous forme de lésions ou d'atteintes physiques :

- ecchymoses, hématomes multiples sur le corps ;
- plaies par griffures, morsures, coups de fouet, de ceinture, circulaires sur les poignets ou chevilles dus à des liens, par instruments tranchants ;
- plaies spécifiques d'abus sexuel : lésions endobuccales et génitales ;
- brûlures : par ébouillantement, par contact (fer à repasser, cigarettes), par ingestion de liquides brûlants ;
- fractures : le plus souvent sur les membres, le crâne ;
- autres lésions : oculaires, otologiques (rupture du tympan), viscérales (rupture de la rate, du foie), hématomes sous-duraux.

B| La maltraitance psychique

Elle se traduit par des carences, des négligences lourdes ou de la cruauté mentale :

- troubles de l'état général : état de dénutrition par carences alimentaires sévères, arrêt du développement staturo-pondéral (cassure de la courbe poids et taille), retard psychomoteur, retard des acquisitions ;
- chez le bébé : troubles du contact, pleurs incessants ;
- chez le jeune enfant : isolement, peur des adultes, troubles du comportement, troubles du sommeil, troubles des conduites alimentaires, troubles sphinctériens ;
- chez l'enfant : tristesse, inhibition, agitation et instabilité ;
- chez l'adolescent : troubles des conduites alimentaires, désinvestissement scolaire, hyperactivité, mise en danger, provocations, isolement, repli sur soi, conduites déviantes (drogues, vols, alcool), fugues, tentatives de suicide.
- Le harcèlement scolaire est une violence répétée qui peut être verbale, physique ou psychologique ; elle est le fait d'un ou de plusieurs élèves à l'encontre d'une victime qui ne peut se défendre.

C| Les différentes causes

Les facteurs prédisposants sont nombreux et peuvent être associés, ce qui augmente le risque de passage à l'acte. Les causes peuvent être liées à :

- l'enfant : enfant handicapé ou prématuré, non désiré, qui pleure de façon persistante, né d'une première union ;
- l'environnement familial : parents présentant des troubles psychologiques ou psychiatriques, ayant été eux-mêmes maltraités, abusant d'alcool ou de drogue y compris pendant la grossesse, en situation de ruptures ;
- l'environnement économique et culturel : logement insalubre, isolement, situation de précarité.

D| Les conséquences de cette maltraitance

- Les conséquences sur le plan médical : traumatismes crâniens, lésions oculaires, otologiques, viscérales, tégumentaires... ; troubles somatiques : difficultés d'endormissement, cauchemars, énurésie, encoprésie, divers maux (de ventre, de tête), anorexie, boulimie, phobies...
- Les conséquences sur le plan du développement : retard de croissance, de langage, psychomoteur...
- Les conséquences sur le plan du comportement : tristesse, inattention, enfant inquiet, baisse d'intérêt pour le jeu, attitude de régression, quête affective auprès de tous mais aussi hyperactivité, agressivité, provocation, délits, fugue, difficultés ou absentéisme scolaires, tentative de suicide, conduites à risque...

À SAVOIR Cas particulier du syndrome du bébé secoué

- Le syndrome du bébé secoué est un traumatisme crânien non accidentel, résultant soit d'un acte intentionnel de violence, soit d'un comportement inapproprié.
- Les nourrissons de moins de 6 mois sont particulièrement exposés. Le bébé est violemment secoué dans un mouvement de va-et-vient, en général pour le faire taire : la tête du nourrisson étant lourde et les muscles du cou encore faibles, le cerveau heurte les parois de crâne et des vaisseaux peuvent se rompre. Les conséquences de ces traumatismes peuvent être très graves et entraîner des lésions cérébrales souvent fatales ou des séquelles neurologiques parfois définitives.
- Un bébé sur 10 victime du « syndrome du bébé secoué ou traumatisme crânien non accidentel par secouement » décède et les 3/4 des survivants présentent des séquelles graves.

3 La maltraitance envers les personnes vulnérables

Cette forme de maltraitance envers les personnes handicapées et les personnes âgées est connue depuis peu du grand public même si elle a longtemps été sous-estimée. Elle est définie sur le site du ministère chargé de la Santé comme « un acte unique ou répété, ou en l'absence d'intervention appropriée, dans le cadre d'une relation censée être une relation de confiance, qui entraîne des blessures ou une détresse morale pour la personne âgée qui en est victime ».

On distingue également plusieurs formes :

- la **maltraitance physique** : coups, gifles, brutalités diverses, enfermement, violences et abus sexuels pouvant entraîner de graves traumatismes, notamment chez les personnes âgées, plus fragiles, nécessitant une convalescence plus longue ou occasionnant une perte d'autonomie parfois définitive ;
- la **maltraitance psychologique** : langage dévalorisant, menaces verbales, d'abandon, chantages, abus d'autorité, infantilisation, humiliation, privation de visites, punitions provoquant des angoisses, détresse morale, perte de l'appétit, voire anorexie, état dépressif, tentatives de suicide ;
- la **maltraitance matérielle et financière** : vols, extorsion d'argent, escroqueries diverses, restrictions d'achat, économies abusives, privations de la jouissance de biens, détournement d'héritage, mise sous tutelle abusive ;
- la **maltraitance médicale ou médicamenteuse** : manque de soins de base, abus ou privation de médicaments, privation de soins d'urgence, non-prise en compte de la douleur, contentions abusives ;
- la **maltraitance par négligence** :
  - les négligences actives : manque d'aide au quotidien, de stimulation à la marche, de prise de repas, de toilette, d'habillage, de prise de médicaments ; non-respect de l'intimité, limitation de la liberté de la personne,
  - les négligences passives : négligences relevant de l'ignorance ou de l'inattention de l'entourage.

4 La maltraitance envers les femmes

La violence faite aux femmes ne concerne pas une catégorie sociale précise ; elle sévit dans tous les milieux socio-économiques et se rencontre le plus souvent au sein du couple. On distingue :

- la **maltraitance physique** : ecchymoses, coupures, brûlures, os fracturés ;
- les **violences sexuelles** entraînant des risques d'infections sexuellement transmissibles, dont le sida, des douleurs, des infections, des grossesses répétées non désirées ou contre-indiquées ;

- les **violences psychologiques** : faible estime de soi, angoisse profonde, pleurs fréquents, phobies, insomnies, troubles alimentaires, difficultés de concentration et de productivité, dépression, pensées suicidaires.

À SAVOIR **Le cyber harcèlement**

- En augmentation croissante, il touche en majorité les femmes (27 fois plus susceptibles d'être harcelées que les hommes). Il s'agit d'un acharnement souvent haineux et menaçant aux conséquences personnelles et professionnelles. Concernant les jeunes, il est souvent associé au harcèlement scolaire.
- 5,6 % d'élèves en sont victimes au collège et 1,3 % au lycée.

5 Les chiffres-clés

A| La maltraitance envers les enfants

Chaque année, en France :

- En 2021, le nombre de mesures d'aide sociale à l'enfance a progressé de 1,9 % : 377 000 accompagnements ont eu lieu ;
- 20 000 enfants maltraités (selon les chiffres de police et de gendarmerie) mais 40 à 50 000 d'après les médecins dont 40 % dans la sphère familiale ;
- 23 560 plaintes sont déposées pour violences sexuelles sur les mineurs mais le rapport de la CIVIISE en 2022 annonce 160 000 mineurs victimes chaque année ;
- 70 % des plaintes sont classées sans suite ;
- 122 mineurs victimes d'infanticide, dont 80 dans le cadre intrafamilial (1 enfant tué tous les 4,5 jours par ses parents ou par ses proches) dont les 2/3 avaient mois de 5 ans ;
- 44 % des enfants maltraités ont moins de 6 ans ;
- 60 % des cas de maltraitance sexuelle ont lieu dans la famille des victimes et 160 000 enfants en sont victimes chaque année (chiffres Ciivise) ;
- 46 % des cas de maltraitance sont imputables aux pères ; 25 % aux mères ; 9 % aux beaux-pères ; en 2020, pendant le confinement, l'association « La voix de l'enfant » annonce une hausse de 30 % de cas de maltraitance infantile ;
- 1 Français sur 10 déclare avoir été victime et 60 % n'en avoir jamais parlé à personne ;
- si 80 % des parents maltraitants ont été des enfants maltraités, 80 % des enfants maltraités seront de bons parents.

B| La maltraitance envers les personnes âgées

600 000 personnes sont victimes de maltraitance, soit 5 % des personnes de plus de 65 ans et 15 % des plus de 75 ans.

1 | À domicile

- 83 % des violences à l'égard des personnes âgées sont perpétrées à domicile.
- 73 % des auteurs d'actes de maltraitance sont des membres de la famille, notamment les enfants de la personne maltraitée (64 %) : les fils (38 %), les filles (26 %), le conjoint (13 %), les neveux et nièces (3 %), les gendres ou les belles-filles (7 %).

2 | En établissement

70 % des victimes sont des femmes de plus de 80 ans, maltraitées par des membres du personnel de l'institution (65 %) dont 41 % du personnel soignant.

C | La maltraitance envers les femmes

1 | Violences conjugales

Chaque année, en France :

- 244 000 victimes dont 145 décès en 2022 (118 femmes et 27 hommes) ;
- selon les chiffres officiels, 1 femme sur 10 est victime de violences conjugales et 1 femme meurt tous les 3 jours sous les coups de son conjoint ou concubin ;
- 20 % seulement des victimes (le plus souvent des femmes) portent plainte ;
- Officiellement : 50 000 actes de violence par an et seulement 10 000 condamnations pour coups et blessures prononcées.

2 | Violences sexuelles

Chaque année, en France :

- 84 000 femmes âgées de 18 à 75 ans sont victimes de viol ou de tentative de viol et, dans 90 % des cas, la victime connaît son agresseur ;
- 10 % des victimes portent plainte.

6 Les actions gouvernementales

A | Spécifiques aux enfants

Il s'agit de la **réforme de la loi sur la protection de l'enfance** de mars 2007 pour :

- « mettre l'accent et donner la priorité au volet prévention notamment en créant dans chaque département un observatoire de protection de l'enfance, et en renforçant les missions de l'ONED ;
- améliorer et redéfinir le dispositif d'alerte, de signalement et d'évaluation des risques de danger ;
- diversifier les modes d'intervention et d'accompagnement des enfants et de leur famille ».

En juillet 2019, le droit de correction « loi anti-fessée », est supprimé en France. Il datait du XIVe siècle.

B| Spécifique à la maltraitance institutionnelle subie par les personnes âgées

Depuis fin 2008, le taux de contrôle inopiné dans les structures d'accueil a été doublé et s'élève maintenant à 80 %. Les situations de maltraitance font l'objet d'enquêtes judiciaires et administratives pouvant aboutir à la fermeture de l'établissement si nécessaire.

Après les récentes révélations sur des soupçons de maltraitance sur des résidents dans des Ehpad (établissements d'hébergement pour personnes âgées dépendantes), le gouvernement a annoncé plusieurs mesures :

- un plan de contrôle des 7 500 Ehpad mené dans les deux prochaines années. Les enquêtes seront effectuées par les ARS (agences régionales de santé), en lien avec les conseils départementaux ;
- la création d'une plateforme en ligne d'ici 2023 pour que « plus aucun signalement de maltraitance des familles et des professionnels ne soit laissé sans réponse et sans suivi » ;
- un programme de formation à ces thématiques sera intégré dans la formation continue annuelle des 400 000 professionnels d'Ehpad.

 # info
Le 3977 va bénéficier d'un million d'euros supplémentaires.
foucherconnect.fr/24admissionap21

C| Les différents numéros d'appel et d'écoute, gratuits, anonymes et confidentiels

- Le **119** : Allo enfance en danger, joignable 24 heures sur 24 et 7 jours sur 7. C'est un **numéro d'urgence** qui traite 830 000 appels par an, soit environ 2 300 chaque jour. Le 119 doit être affiché dans tous les lieux recevant des mineurs (établissements scolaires, centres de loisirs, cabinets médicaux…).
- Le **3977** : numéro d'appel unique dédié à la lutte contre la maltraitance des personnes âgées. Ce n'est pas un numéro d'urgence. Il reçoit environ 40 000 appels par an.
- Le **3919** : numéro d'appel destiné aux femmes victimes de violences conjugales. Ce n'est pas un numéro d'urgence. Il reçoit environ 50 000 appels par an.
- En 2022, l'association e-Enfance lance, avec le soutien du gouvernement, l'application mobile 3018, pour signaler toute situation de harcèlement et assurer une prise en charge rapide et globale des victimes.
- Le **3018** remplace le 0800 200 200.

D| Les campagnes d'information

Il y a de très nombreuses et régulières campagnes d'information contre les différentes formes de maltraitance, au travers d'affiches, de films éducatifs diffusés largement, y compris sur les réseaux sociaux.

 # info
Arrêtons les violences
foucherconnect.fr/24admissionap30

7 Les actions de prévention

- Le plan 2017-2019 pour lutter contre les violences faites aux enfants rappelle que « la famille est aussi le premier lieu dans lequel s'exercent les violences ». Il se concentre sur les violences intrafamiliales (physiques, psychologiques, sexuelles et les négligences) et comprend plusieurs grands axes d'intervention :
  - le rapport 2019 des inspections générales des affaires sociales (IGAS), de la justice (IGJ) et de l'éducation (IGAENR) propose de mieux repérer les signaux d'alerte, de renforcer la formation des professionnels, d'éviter la déperdition des informations d'une école à l'autre ou d'un service à l'autre, de mettre en place dans chaque département une commission d'experts qui serait chargée d'examiner *a posteriori* les cas de décès, afin de les analyser ;
  - le 10 juillet 2019 a été promulguée la loi abolissant les violences éducatives ;
  - l'association Stop VEO Enfance (violence éducative ordinaire) lance une deuxième campagne de sensibilisation pour le premier anniversaire de cette loi « Les mots que je ne te dirais pas » ;
  - le plan de lutte contre les violences faites aux enfants 2020-2022 a pour but de garantir à chaque enfant les mêmes chances et droits avec 6 axes prioritaires : sensibiliser, former et informer ; libérer la parole et favoriser le repérage et signalements ; mieux protéger les enfants au quotidien ; mieux accompagner les enfants victimes ; prévenir le passage à l'acte et éviter la récidive ; développer les enquêtes et la recherche.
- En 2020, pendant l'épidémie de Covid19, de nombreuses associations se sont inquiétées et ont alerté les pouvoirs publics sur les risques, liés au confinement, de voir une augmentation de toutes les formes de maltraitance.
- En 2021, le bilan est déterminant : les violences faites aux femmes ont progressé de 30 %, les cyberviolences de 57 % notamment chez les 15-17 ans et la proportion des admissions d'enfants à l'hôpital pour maltraitance physique, de 50 %. Les violences ont également augmenté dans la population des personnes fragilisées (personnes âgées et personnes lourdement handicapées).
- Le 23 janvier 2021 : création de la CIIVISE (commission indépendante sur l'inceste et les violences sexuelles faites aux enfants).
- Le 4 novembre 2021 : journée internationale, créée en 2020 par l'Unesco à l'initiative de la France, du Mexique et du Maroc pour de sensibiliser et lutter contre la violence et le harcèlement en milieu scolaire, y compris le cyberharcèlement.
- Début 2022, Adrien Taquet, secrétaire d'État chargé de l'Enfance et des Familles, fait le point sur l'avancée des mesures : « Les 22 mesures du plan interministériel de lutte contre les violences faites aux enfants ont permis des avancées majeures dans la prévention, l'accompagnement et la réparation des enfants victimes, il est nécessaire de poursuivre cette lutte dans les années à venir… ».

 # info
Plan de lutte contre les violences
foucherconnect.fr/24admissionap22

LES CONNAISSANCES INDISPENSABLES
La maltraitance

FICHE 16 L'ALCOOLISME

L'alcoolisme est une maladie reconnue par l'Organisation mondiale de la santé (OMS) qui la définit comme « des troubles mentaux et du comportement liés à l'ingestion fréquente d'alcool éthylique ». L'alcool est ancré dans la culture française, sa consommation touche toute la société : mortalité, morbidité, violences, accidents domestiques, accidents de la route, accidents du travail, précarisation, etc.

Thèmes associés : la violence envers les femmes, le cancer, les accidents cardio-vasculaires, les AVC, la précarité.

1 Définition

L'alcoolisme ou alcoolodépendance ou encore éthylisme est une dépendance à l'alcool éthylique ou éthanol contenu dans les boissons alcoolisées.

2 L'alcool éthylique, éthanol ou alcool pur

Malgré une grande variété de goûts et de couleurs, une seule et même substance provient de la fermentation de fruits, de grains ou de tubercules et agit de manière spécifique sur l'organisme. L'indication en degré ou en % correspond à la quantité d'alcool pur contenue dans 100 mL. Ainsi, si une boisson fait 35° (ou est concentrée à 35 %), cela signifie que 100 mL de cette boisson contiennent 35 mL d'alcool pur.

Plus le degré est élevé, plus la boisson est concentrée en alcool pur.

IMPORTANT

Tableau des correspondances
1 ballon de vin à 12° (10 cL) = 1 verre de pastis à 45° (2,5 cL) = 1 verre de whisky à 40° (2,5 cL) = 1 coupe de champagne à 12° (10 cL) = 1 verre d'apéritif à 18° (7 cL) = 1 demi de bière à 5° (25 cL).

3 La consommation

A| La consommation

En janvier 2019, de nouvelles recommandations sont publiées par Santé publique France : limiter sa consommation à 2 verres par jour maximum avec au moins 2 jours d'abstinence dans la semaine et ne pas consommer plus de 10 verres par semaine. Près d'un Français sur 4 de 18 à 75 ans dépasse au moins l'un de ces trois repères, plus les hommes (1/3) que les femmes (1/7) et 3,5 % dépassent même les trois repères.

En cas de surconsommation au long cours, les risques sont importants car tous les alcools sans exception – vins compris – deviennent toxiques pour le foie, les nerfs, le cerveau, sans oublier un risque très accru de cancer.

B| L'alcoolémie

C'est le taux (ou concentration) d'alcool dans le sang. Elle s'exprime en grammes d'alcool pur par litre de sang (g/L). L'alcoolémie varie en fonction de la quantité d'alcool consommée, de la corpulence, du sexe, de la vitesse de consommation mais également par le fait d'avoir mangé ou non. De manière générale, un verre standard d'alcool fait augmenter l'alcoolémie de 0,20 à 0,25 g/L.

IMPORTANT

Quand on boit un verre, l'alcoolémie atteint son maximum environ 1 heure après ou 30 minutes si on n'a pas mangé depuis plus de 2 heures ; puis elle commence à baisser. Il faut alors compter environ 1 heure 30 pour éliminer chaque verre d'alcool.

Après consommation, l'alcool est absorbé tel quel au niveau de l'intestin grêle et passe dans le sang. En quelques minutes, il est transporté dans tout l'organisme, notamment au niveau du cerveau.

4 Les effets produits

L'alcool est un produit psychoactif qui modifie la conscience et les perceptions :

- consommé à faibles doses, il procure une sensation de détente et d'euphorie. Il désinhibe, libère la parole. Les réflexes commencent à diminuer ;
- consommé à plus fortes doses, l'alcool provoque l'ivresse qui se traduit par une mauvaise coordination des mouvements, une élocution troublée, une diminution de la vigilance, un état de somnolence, etc. L'ivresse entraîne également des pertes de mémoire allant jusqu'au trou noir ;
- à très fortes doses, la somnolence peut aller jusqu'au coma éthylique et peut provoquer la mort.

5 L'addiction à l'alcool

A| La dépendance

Elle est liée à un usage répété, excessif et compulsif. On parle de dépendance lorsque la personne est devenue incapable de réduire ou d'arrêter sa consommation, elle en perd le contrôle et devient tolérante aux effets négatifs.

Cette dépendance s'accompagne de difficultés majeures d'ordre relationnel, social, professionnel, sanitaire, judiciaire.

B| Les conséquences

- **Sur la santé** : L'addiction est une maladie chronique et hautement récidivante surtout sur un terrain anxieux ou dépressif. Elle entraîne de nombreuses complications hépatiques (cirrhoses), cardiovasculaires (hypertension artérielle, AVC) et neurologiques (atteinte du cerveau, des nerfs) ; elle est particulièrement cancérigène : voies aérodigestives supérieures (bouche, pharynx, œsophage et larynx), côlon-rectum, sein, foie.
- **Sur la société** :
  - Les conséquences de la consommation excessive d'alcool sont l'un des tous premiers motifs d'hospitalisation en France et le coût estimé de ces hospitalisations s'élève à près de 3,6% de l'ensemble des dépenses hospitalières.
  - Le coût social de l'alcool est estimé à 120 milliards d'euros : 95 % de ressources gaspillées (valeur des vies humaines perdues, dégradation de la qualité de vie, pertes de production) ; 5 % pour les finances publiques (dépenses de prévention, répression et soins, économie de retraites non versées).

En 2010, les taxes sur les alcools (3,2 milliards d'euros) ne représentent que 37 % du seul coût des soins (8,6 milliards d'euros).

Le coût annuel pour les finances publiques est de 4,9 milliards d'euros par an.

C| Le syndrome de sevrage

Il survient 6 à 48 heures après un sevrage alcoolique et se dissipe (sauf complications) sous 2 à 5 jours. Il se caractérise par un état de malaise : tremblements, anxiété, agitation, dépression, nausées... pouvant aller jusqu'aux crises de convulsion et évoluer vers un *delirium* (plus connu sous la dénomination *delirium tremens*).

Le risque de récidive est élevé et prolongé après une période d'abstinence ou de réduction.

6 Les comportements liés à l'alcool

A| Chez les jeunes

À forte dose, l'alcool permet au cerveau de s'adapter à cette consommation et d'en amoindrir les effets. Or, jusqu'à l'âge de 20 ans, le cerveau n'a pas terminé sa maturation et la consommation d'alcool perturbe son développement normal et augmente le risque de dépendance.

Du *binge drinking* (consommation massive d'alcool dans un temps très court avec une recherche intentionnelle et organisée d'ivresse) à la neknomination (mise en scène sur Internet avec publication sur les réseaux de consommation « cul sec » de boissons alcoolisées), la consommation excessive d'alcool est banalisée chez les jeunes, entraînant des conséquences néfastes sur la santé des adolescents : diminution des capacités d'apprentissage et de mémorisation à long terme, impulsivité accrue, impact sur l'apprentissage des émotions, l'anxiété et l'humeur, sans compter l'augmentation du risque de dépendance.

B| L'alcool et la grossesse

L'alcool passe du sang maternel vers le sang du fœtus, à travers le placenta, et agit sur le fœtus. Plus la consommation d'alcool se produit au début de la grossesse, plus les risques pour le fœtus sont importants. L'alcoolisation fœtale est la première cause non génétique de handicap mental chez l'enfant. La recommandation actuelle est de ne consommer aucun verre d'alcool pendant la grossesse car les connaissances scientifiques actuelles ne permettent pas de déterminer un niveau de consommation d'alcool qui serait sans risque pour l'enfant à naître.

C| L'alcool au volant

L'alcool est la première cause d'accidents de la route, il est en cause dans 1/3 des accidents mortels. Ces accidents surviennent principalement la nuit (2 sur 3) et le week-end (1 sur 2) avec une dominante au petit matin pour les jeunes de 18 à 24 ans.

À partir de 0,5 g/L dans le sang, la conduite est interdite ; 0,2 g/L pour les jeunes conducteurs et les conducteurs de véhicules de transport en commun.

Le refus de se soumettre au dépistage du taux d'alcool est un délit sanctionné comme une alcoolémie supérieure à 0,8 g/L dans le sang.

D | L'alcool et la violence

La violence s'exerce :

- envers les autres (bagarres, violences domestiques, violences sexuelles, maltraitances d'enfants, violences dans les services d'urgence hospitalière, dans l'armée ou le monde sportif) ;
- envers soi-même (gestes auto-agressifs, suicide).

Diverses recherches internationales indiquent que l'alcool représente la substance psychoactive la plus fréquemment associée aux violences entre les personnes (plus que tous les autres produits psychoactifs cumulés, légaux ou illégaux).

À SAVOIR

Une femme ayant un conjoint fréquemment ivre voit sa probabilité d'être victime de violences conjugales multipliée par 15 par rapport à une femme dont le conjoint ne l'est jamais.

7 Les chiffres-clés (Académie nationale de médecine 2023)

- Pour la première fois depuis plus de 50 ans, la consommation d'alcool ne baisse plus en France (80,7 litres par an et par foyer en 2007 contre 70,7 litres en 2017).
- Le vin est la boisson la plus consommée : 58 % contre 21 % pour les spiritueux et 20 % pour la bière.
- C'est la deuxième cause de mortalité évitable après le tabac : 41 000 décès soit 7 % du nombre total annuel et la deuxième cause d'hospitalisation médicale.
- La moyenne journalière est de 2,6 verres, soit 12 litres d'alcool pur consommés par an et par habitant âgé de 15 ans ou plus.
- L'alcool est directement impliqué dans 40 % des violences faites aux femmes et aux enfants et dans 1/3 des décès par accident de la route.
- C'est la première cause évitable de mortalité chez les 15-30 ans, de retard mental de l'enfant et de démence précoce.
- 80 % des jeunes de 17 ans en ont consommé au cours des 30 derniers jours : les bières et les prémix (boissons dont le taux en alcool est masqué par des ajouts de sucres et d'arômes) sont les boissons les plus populaires.
- 53 % des jeunes de 17 ans déclarent une alcoolisation ponctuelle importante (API) au cours du mois écoulé.
- 7 jeunes âgés de 18 à 24 ans perdent la vie sur les routes de France dans un accident lié à l'abus d'alcool et plus de 27 sont blessés.
- 32 % des femmes enceintes ont consommé au moins une fois de l'alcool pendant la grossesse, mais seules 3 % déclarent une consommation hebdomadaire.

8 Les actions gouvernementales

- La **loi Evin** promulguée en 1991 constitue aujourd'hui en France le pivot du dispositif légal de lutte contre le tabagisme et contre l'alcoolisme. Elle ne prohibe pas la publicité des boissons alcooliques mais l'encadre strictement quant à son contenu et à son support.
- **Différentes orientations publiques** : cadre légal réprimant l'ivresse publique ; renforcement des mesures de protection des mineurs (la vente d'alcool est interdite à tous les mineurs et non plus aux seuls mineurs de moins de 16 ans) ; durcissement continu du contrôle de l'alcoolémie au volant ; intensification du discours sur le dépistage de l'alcool au travail ; restriction croissante du commerce de l'alcool ; modération de la publicité en faveur des boissons alcoolisées.
- Le **plan d'action régional Europe 2012-2020** pour la réduction de l'usage nocif d'alcool vise la réduction des risques.
- Le **plan national de mobilisation contre les addictions 2018-2022** a plusieurs objectifs :
  - protéger dès le plus jeune âge ;
  - mieux répondre aux conséquences des addictions pour les citoyens et la société ;
  - améliorer l'efficacité de la lutte contre le trafic ;
  - renforcer les connaissances et favoriser leur diffusion ;
  - renforcer la coopération internationale ;
  - créer les conditions de l'efficacité de l'action publique sur l'ensemble du territoire.
- Santé publique France a lancé en mars 2019 une campagne avec un slogan « Pour votre santé, l'alcool c'est maximum 2 verres par jour, et pas tous les jours » fondé sur les nouveaux repères de consommation.
- L'Académie, l'OMS, l'INCa, la Cour des comptes, la Haute Autorité de santé et nombre d'associations et de spécialistes ont contribué à attirer l'attention de façon répétée sur la nécessité d'une action efficace contre l'alcoolisation dans un pays qui reste un des plus forts consommateurs d'alcool au monde. Les propositions sont :
  - bannir la publicité pour l'alcool suivant les principes initiaux de la loi Évin ;
  - apposer des indications claires, lisibles et contrastées sur les contenants : la quantité d'alcool en grammes, le nombre de calories (les boissons alcooliques en sont exemptées alors que l'alcool d'un verre apporte à lui seul environ 70 calories), « l'alcool est dangereux pour la santé » (et non le seul excès), dissuader, grâce à un pictogramme, de toute consommation la femme enceinte ou qui désire l'être ;
  - taxer les boissons alcooliques au gramme d'alcool ;
  - établir un prix minimum de vente par gramme d'alcool (comme en Écosse).

9 Les traitements et la prévention

A| Le traitement de la dépendance

Une prise en charge psychologique, sociale et médicale individualisée reste fondamentale.

1| La psychothérapie

Le traitement repose essentiellement sur une modification des liens environnementaux et sociaux avec ou sans appui de médicaments. L'objectif est d'atteindre une abstinence totale et à vie ou au moins le retour à une consommation contrôlée.

2| Les médicaments

Après traitement, seulement un tiers des patients reste abstinent à un an. Les médicaments agissent au niveau du cerveau en compensant certaines perturbations induites par l'alcool.

- Le Nalméfème : remboursé depuis 2014, il diminue l'envie de boire.
- Le Baclofène : au départ une molécule mise sur le marché en 1974 pour traiter les contractures musculaires d'origine neurologique ; le Dr Olivier Ameisen, en 2008, raconte comment il s'est lui-même libéré de son addiction grâce à ce médicament. En 2014, l'ANSM lui accorde une recommandation temporaire d'utilisation (RTU) valable pour 3 ans, dans la prise en charge de l'alcoolisme ; en 2018, il dispose d'une autorisation de mise sur le marché et il est commercialisé depuis juin 2020.
- D'autres médicaments sont en cours de recherche mais ne pourront jamais guérir seuls l'alcoolisme.

3| Les groupes de parole

Ce sont des groupes d'entraide qui offrent accueil, disponibilité, respect de soi et des autres, non-jugement, non-conseil, et où chaque participant peut partager son vécu dans la confiance et la confidentialité. Ces groupes de parole sont en général mixtes et fonctionnent de manière régulière.

Il existe également des groupes de parole pour les « familiers » (parents, enfants, conjoints) de personne alcoolique. Ces groupes proposent des partages d'expérience, des témoignages sur leurs difficultés.

Mise en place de Alcool Info Service 0 980 980 930 : appel anonyme et non surtaxé 7j/7 de 8 h à 2 h qui offre la possibilité de faire le point sur sa consommation d'alcool.

B| La recherche pluridisciplinaire

Les axes de recherche couvrent plusieurs domaines : épidémiologie, sciences sociales, neurosciences, neurobiologie ou encore cancérologie :

- les mécanismes liés à la dépendance au niveau du cerveau et notamment les structures impliquées dans l'addiction : plusieurs molécules sont en cours d'expérimentation ;
- les mécanismes de développement des maladies organiques associées ;
- la génétique : envisager une approche pharmacogénétique dans le développement accru de pathologies comme la cirrhose ou l'hépatite chez certains alcoolo-dépendants.

À SAVOIR — Questions possibles

- L'alcool et les jeunes : qu'en pensez-vous ?
- Les mesures de prévention contre la consommation d'alcool en direction des jeunes vous paraissent-elles suffisantes ?

PAPIER CERTIFIÉ

s'engage pour
l'environnement en réduisant
l'empreinte carbone de ses livres.
Celle de cet exemplaire est de :
550 g éq. CO_2
Rendez-vous sur
www.editions-foucher-durable.fr

Mise en page : STDI

SG/EF-SM

Achevé d'imprimer en France par Dupliprint
733, rue Saint-Léonard - 53100 Mayenne
N° d'impression : 2991959L
Dépôt légal n° 17116-3/01 - août 2024

Les besoins fondamentaux de l'homme : la pyramide de Maslow

Les 14 besoins fondamentaux de l'homme selon Virginia Henderson

1. Respirer
2. Boire et manger
3. Éliminer
4. Se mouvoir, maintenir une bonne posture
5. Dormir et se reposer
6. Se vêtir ou se dévêtir
7. Maintenir sa température
8. Être propre et protéger ses téguments
9. Éviter les dangers
10. Communiquer avec ses semblables
11. Agir selon ses croyances ou ses valeurs
12. S'occuper en vue de se réaliser
13. Se recréer
14. Apprendre

L'action du gouvernement pour la santé de tous

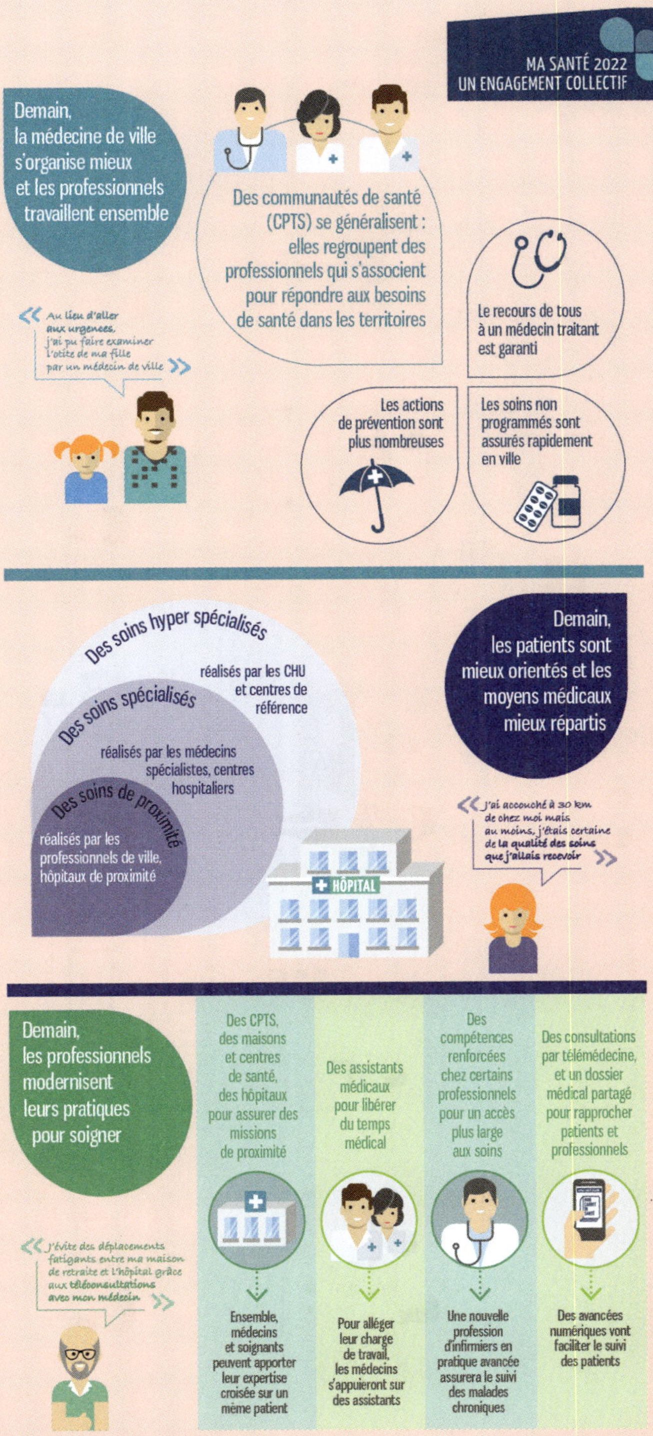

Vous avez dit télémédecine ?

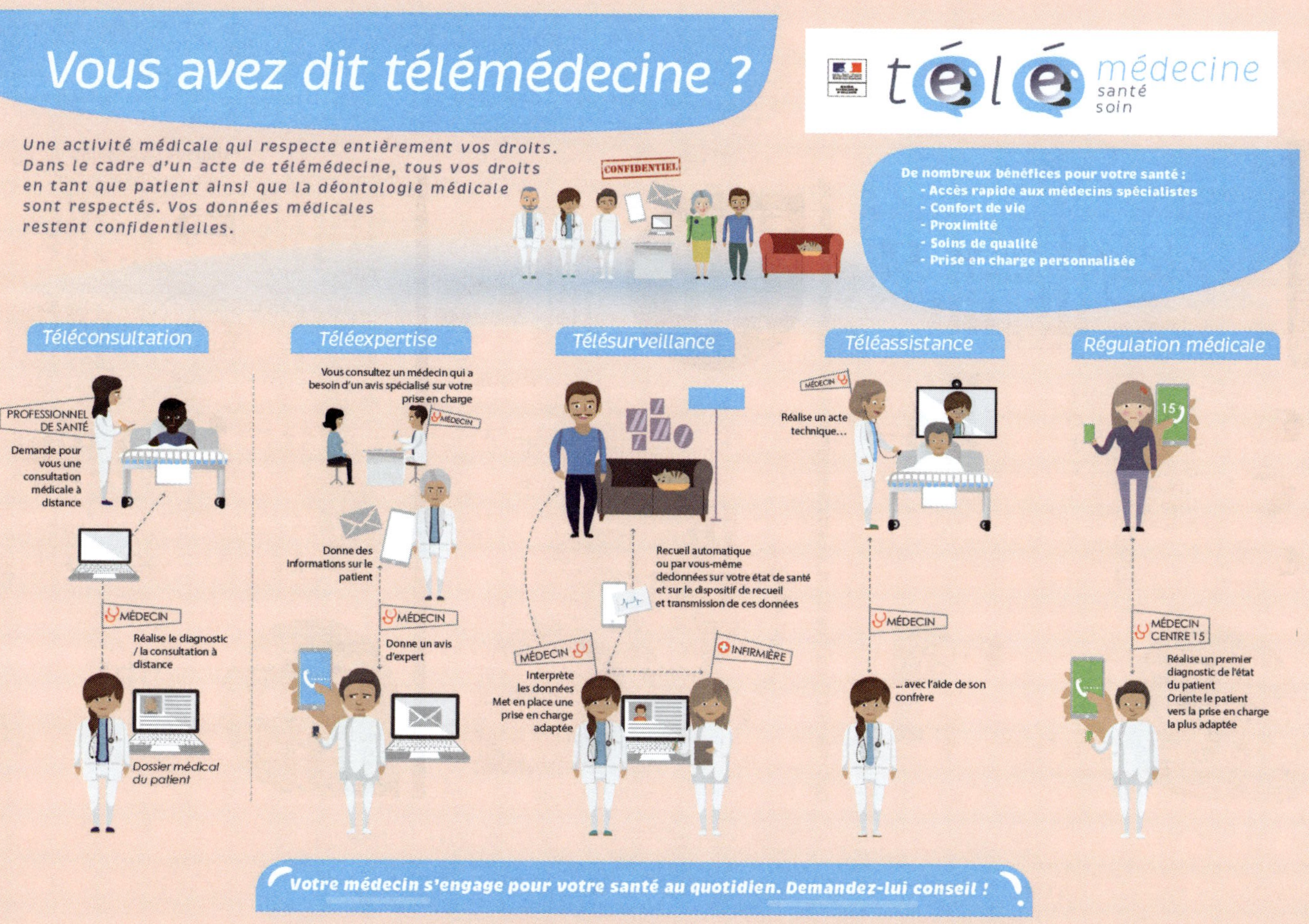

Le chômage

Au premier trimestre 2023, il y avait environ 2 200 000 demandeurs d'emploi

Taux de chômage par sexe

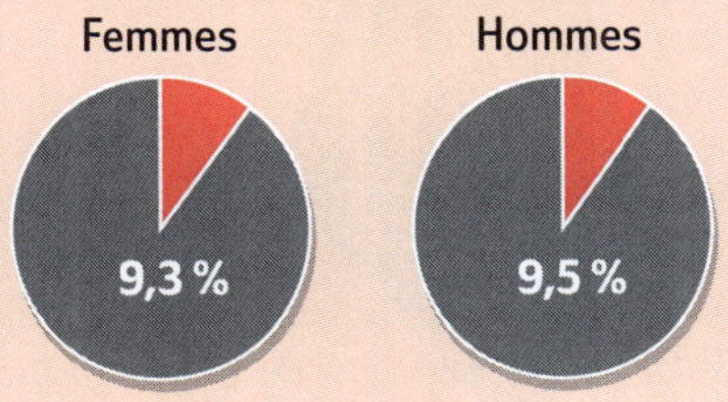

Taux de chômage par tranche d'âge

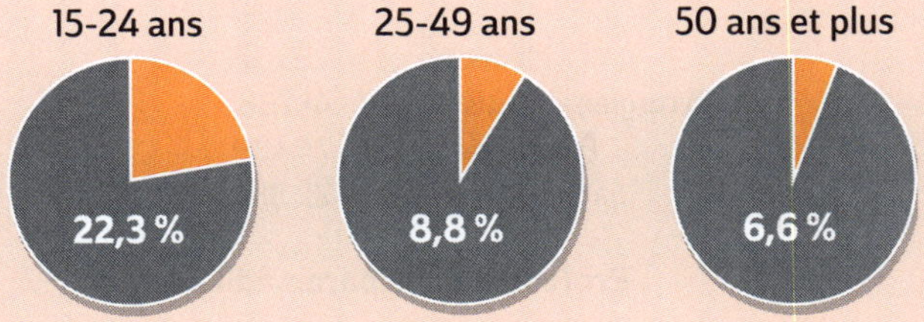

Taux de chômage par niveau d'études

Les professionnels de santé

Professionnels médicaux

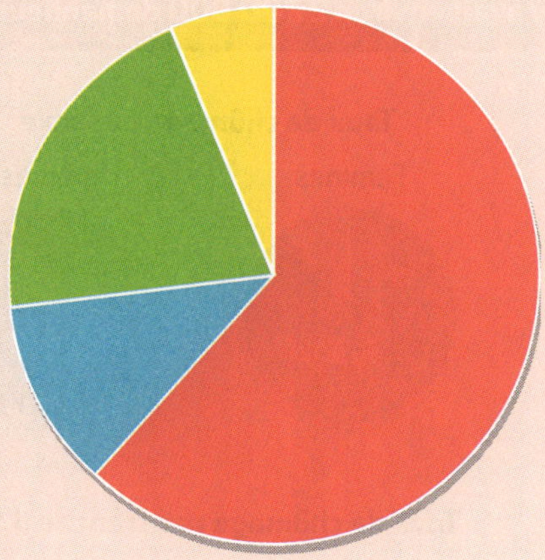

Médecins	223 571
Chirurgiens-dentistes	41 788
Pharmaciens	74 489
Sages-femmes	22 312

Professionnels paramédicaux

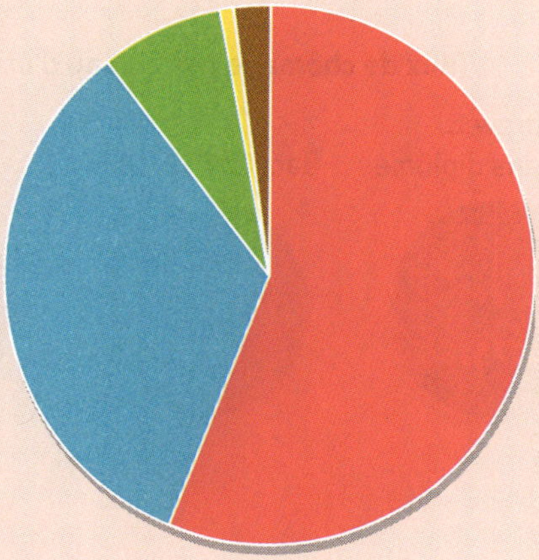

Infirmiers	660 611
Aides-soignants	390 000
Masseurs-kinésithérapeutes	86 459
Psychomotriciens	11 074
Orthophonistes	24 466

Bientraitance et qualité des soins

La bientraitance dans le soin

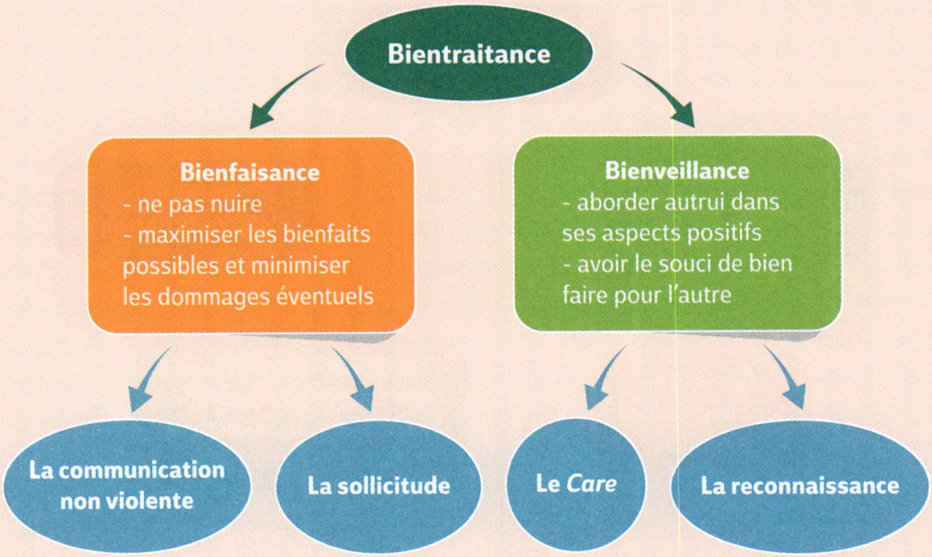

La qualité des soins

Santé publique : l'éducation thérapeutique du patient

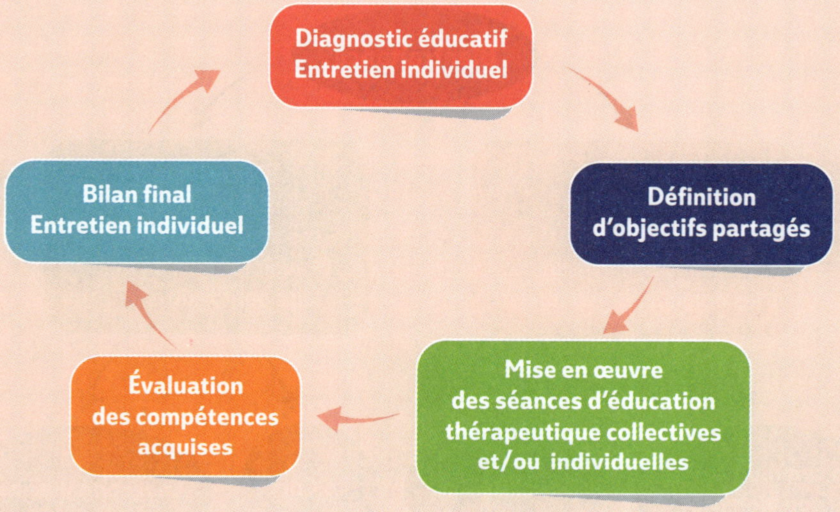

L'éducation thérapeutique du patient (ETP) vise à aider les patients à gérer au mieux leur vie avec une maladie chronique. Elle est un processus continu, qui fait partie intégrante et de façon permanente de la prise en charge du patient.

Source : Haute Autorité de Santé

Les accidents de la vie courante (AcVC)

Les chiffres clés

- 1 personne sur 5 est victime d'un accident de la vie courante
- 50 % des accidents se produisent à la maison
- 11 millions d'AcVC par an
- 20 000 morts par an
- 3e cause de mortalité
- 12 % des hospitalisations
- 10 % des dépenses de santé

Les 6 risques principaux

Intoxications
plus de 1 300 morts par an dont 1 000 d'origine médicamenteuse

Incendies
800 décès par an dans 75 000 incendies domestiques

Suffocation
3 000 décès par an aux 2/3 chez les + de 75 ans

Chutes
1re cause de mortalité : 9 400 morts par an. Plus de 60 % des AcVC en-dessous de 10 ans et 90 % après 75 ans

Accidents de sports et loisirs
1 500 000 accidents par an à l'origine de 500 morts par an

Noyades
Près de 500 morts par an

Source : Enquête permanente sur les accidents de la vie courante – InVS

Les auteurs présumés de maltraitances sur les enfants

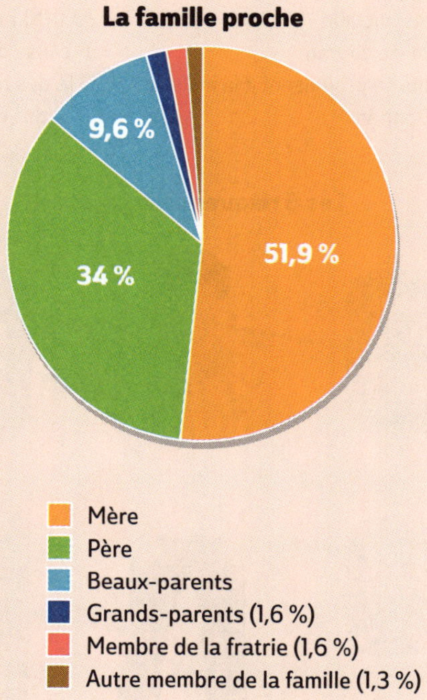

Les cancers en France

382 000 nouveaux cas en 2022
150 000 décès

206 280 nouveaux cas chez l'homme dont

- **Poumon** 32 260 cas, 20 815 décès
- **Côlon-rectum** 24 035 cas, 9 294 décès
- **Prostate** 59 000 cas, 8 207 décès

175 720 nouveaux cas chez la femme dont

- **Sein** 58 968 cas, 11 883 décès
- **Poumon** 16 849 cas, 10 176 décès
- **Côlon-rectum** 20 837 cas, 8 390 décès

Source : Institut national du cancer, 2022

Sida et VIH en France

180 000 personnes vivent avec le VIH

5 000 nouvelles découvertes de séropositivité en une année
– **dont 43 %** d'homosexuels
– **dont 38 %** d'hétérosexuels nés à l'étranger
– **dont 16 %** d'hétérosexuels nés en France

5,2 millions tests de dépistage du VIH réalisés

25 000 personnes seraient porteuses du virus sans le savoir

Source : Ministère de la Santé, Inserm, InVS, 2021

Les addictions en France

Tabac
14 millions d'usagers réguliers

32 % des adolescents de 17 ans et 29 % des adultes de 18 à 75 ans sont des fumeurs quotidiens

Alcool
9 millions d'usagers réguliers

3,4 millions de consommateurs adultes « à risque ». Ivresse répétée pour 22 % des jeunes de 17 ans. 9 % des adultes boivent entre 3 et 7 verres par jour

Cannabis
1,4 million d'usagers réguliers

48 % des jeunes de 17 ans l'ont expérimenté et 9 % sont des fumeurs réguliers
42 % des adultes l'ont expérimenté et 11 % sont des fumeurs réguliers

Héroïne
600 000 expérimentateurs

1 % des jeunes de 17 ans l'ont expérimentée, contre 1,5 % des adultes

Cocaïne
450 000 usagers dans l'année

3,2 % des jeunes l'ont expérimentée, contre 5,6 % des adultes

Source : Observatoire français des drogues et des toxicomanies, 2017

L'obésité en France

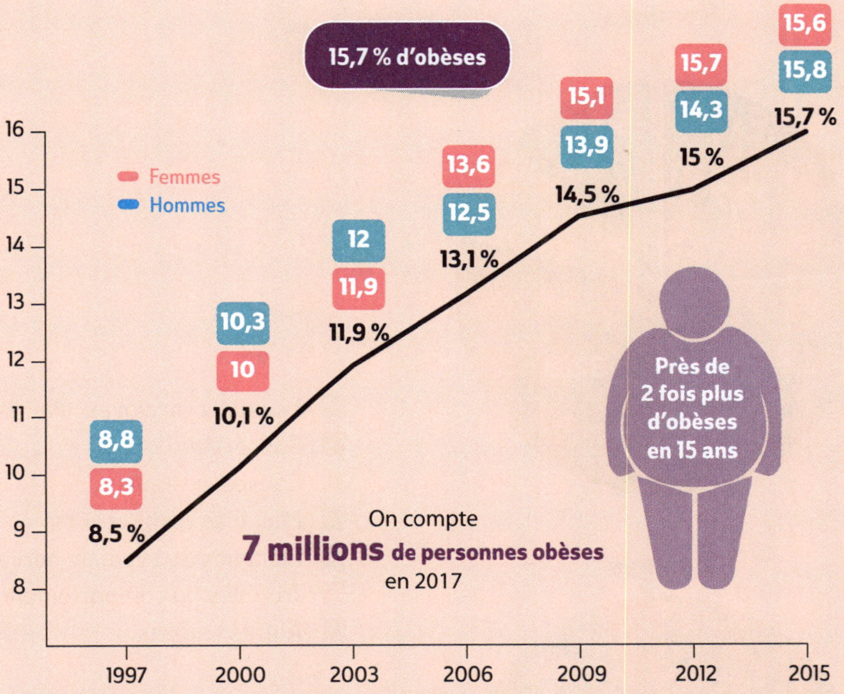

Source : Enquête ObÉpi (Inserm-Roche) et InVS

Les principales causes de décès en France

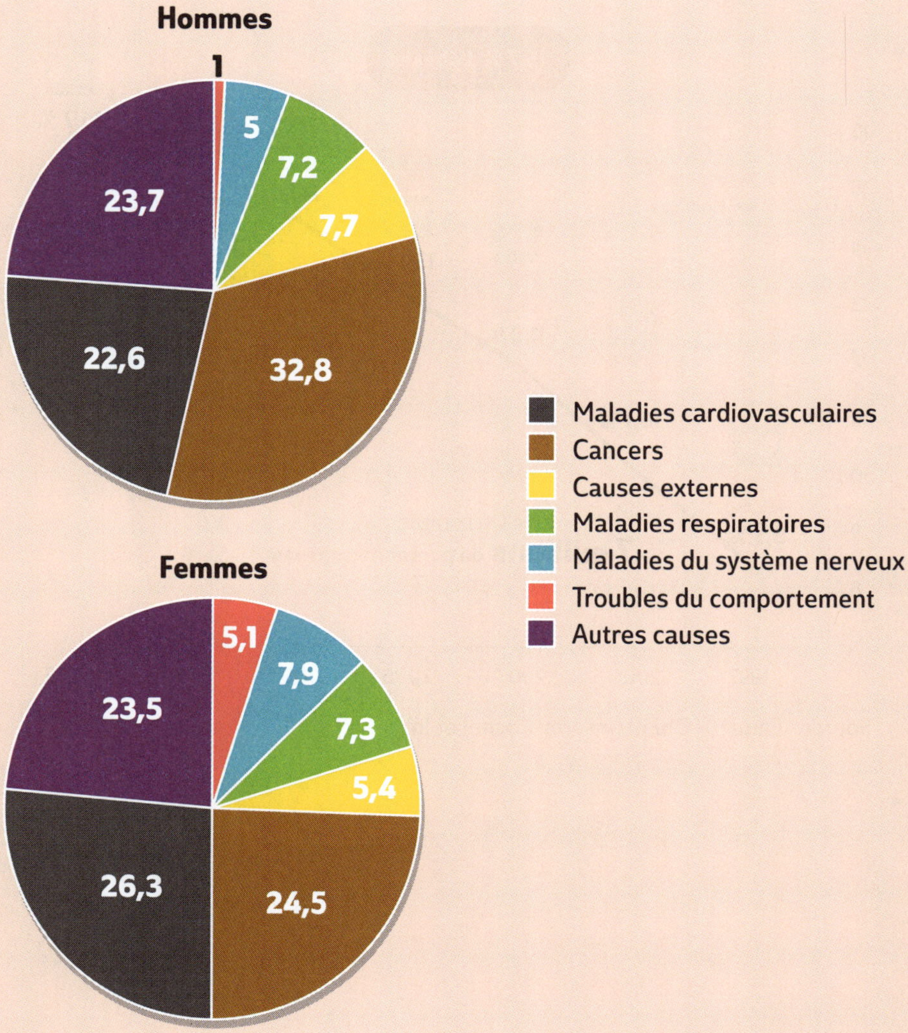

Source : Insee

Le suicide en France

200 000 tentatives de suicide par an
25 décès par jour, soit environ 9 000 décès par an

3 suicides sur 4 concernent les hommes...

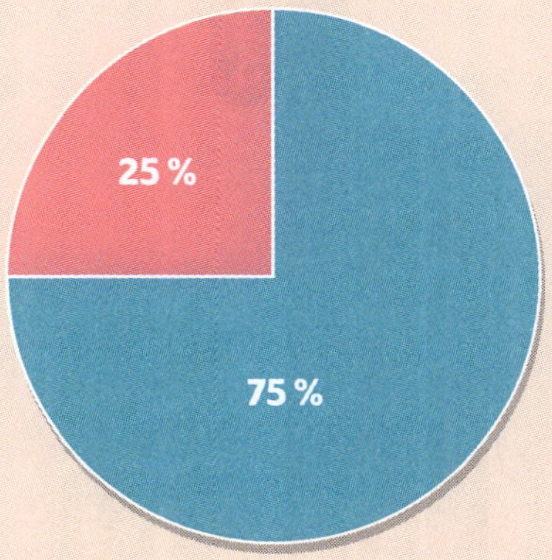

... mais davantage de femmes déclarent avoir pensé à se suicider

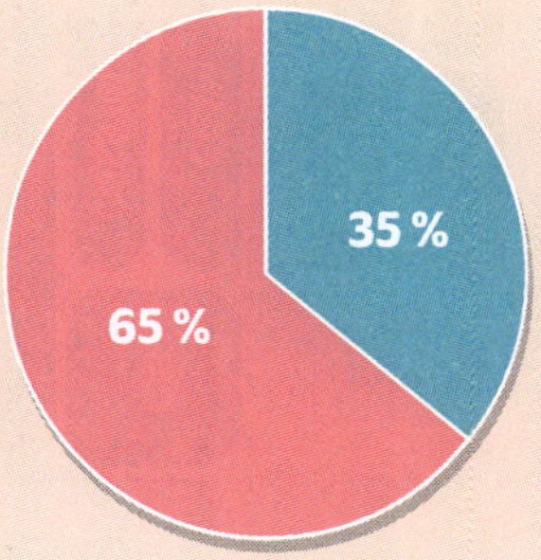

Au moins une tentative de suicide au cours de la vie

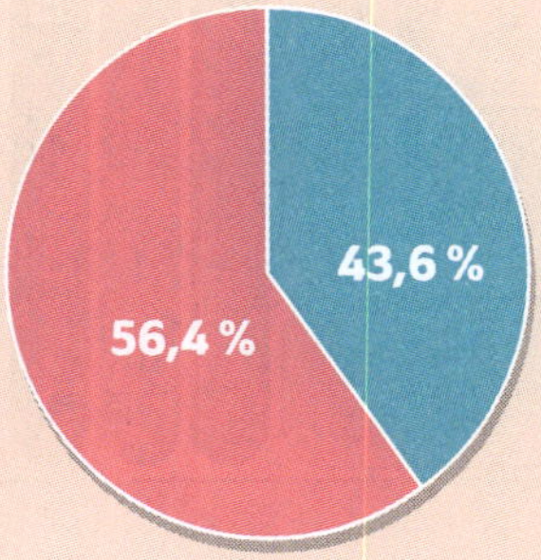

Pensées suicidaires sur les 12 derniers mois

Femmes
Hommes

Source : Observatoire national du suicide

Le système de protection sociale en 2022

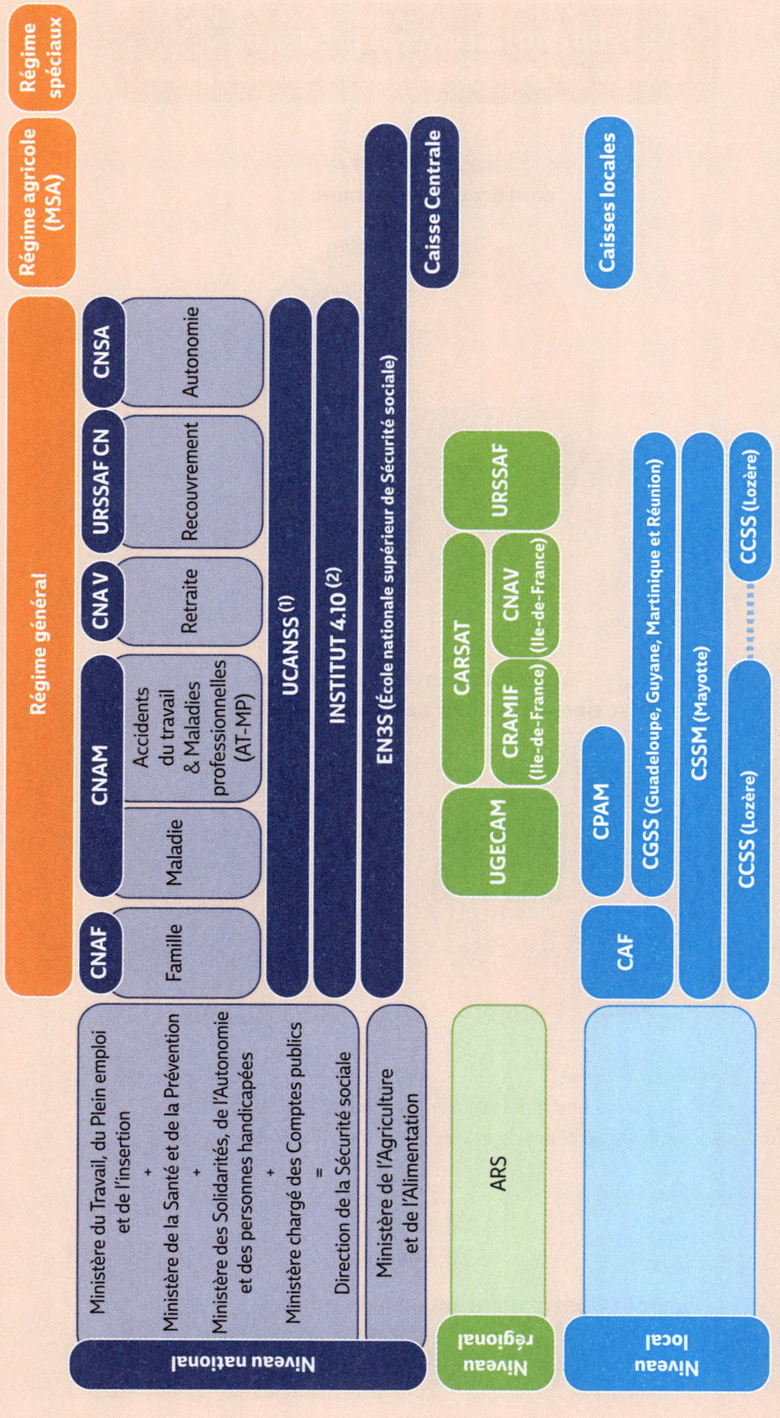

(1) Au-delà de son champ d'action pour le Régime général, l'Ucanss assure également des missions interrégimes.
(2) L'institut 4.10 est sous tutelle de l'Ucanss.